JOSÉ LUIS MARTÍNEZ

Semblanza de Nezahualcóyotl

FONDO 2000

Cultura para todos

FONDO DE CULTURA ECONÓMICA

MÉXICO

Fragmento de
Nezahualcóyotl
1ª edición, FCE, 1972

Primera edición, 1998

ISBN 968-16-5508-7

Impreso en México

FONDO 2000 ha editado la Semblanza de Hernán Cortés, *tomada de la excelente biografía realizada por José Luis Martínez y publicada por el Fondo de Cultura Económica y la Universidad Nacional Autónoma de México. Ahora tenemos el gusto de presentar en estas páginas la* Semblanza de Nezahualcóyotl, *escrita por el mismo autor. Se completan así las dos caras de uno de los muchos espejos de nuestra historia, dos rostros contrapuestos y de una rara manera complementarios, que contribuyen al conocimiento de nuestro pasado.*

José Luis Martínez nació en 1918, en Atoyac, Jalisco. A lo largo de su vida se ha dedicado a la incansable investigación de los autores, circunstancias y pormenores de nuestra literatura así como al estudio detallado de muchos pasajes y personajes de nuestra historia. Filólogo, ensayista y académico, Martínez es actualmente presidente de la Academia Mexicana de la Lengua y uno de los más distinguidos intelectuales de nuestro país. Ha sido embajador en Grecia y ante la UNESCO, *así como director del Instituto Nacional de Bellas Artes y del Fondo de Cultura Económica.*

En estas páginas, Martínez nos muestra la biografía de Acolmiztli Nezahualcóyotl, no en la forma de un discurso laudatorio, sino en el difícil formato de un recorrido que describe su época y el mundo que lo rodeaba. Nacido en Texcoco en 1402 e hijo de Matlalcihuatzin y de Ixtlilxóchitl el Viejo, Nezahualcóyotl fue discípulo de Huitzilihuitzin, quien despertó en él la vocación poética.

Aquel que llegaría a ser conocido como el Rey Poeta inició su vida pública como un príncipe perseguido, refugiado en Tenochtitlan; sin embargo, supo consolidar importantes alianzas políticas que lo llevaron a la consecución del trono. Martínez describe, con la erudición accesible que lo caracteriza, los palacios y los pactos, las costumbres y maneras, los jardines y los cantos que conformaron todo el paisaje de nuestro esplendor prehispánico y que enmarcaron la vida de uno de los más distinguidos habitantes de Mesoamérica, hombre de acción y de reflexión, quien vaticinó en uno de sus poemas que no acabarían sus flores y que no cesarían sus cantos…

El príncipe perseguido

COYOTE HAMBRIENTO

A***l salir*** el sol del 28 de abril de 1402, que entonces se llamaba *Ce mázatl* o 1 Venado, del año *Ce tochtli* o 1 Conejo, nació en Tezcoco, capital del señorío de Acolhuacan situada al noreste del Valle de México y al borde del gran lago, el príncipe Acolmiztli Nezahualcóyotl, nombres que significan brazo o fuerza de león y coyote hambriento o ayunado, respectivamente. Era hijo de Ixtlilxóchitl Ome Tochtli o Ixtlilxóchitl el Viejo, quien a su vez era hijo de Techotlala, ambos señores sucesivos de Tezcoco; y de Matlalcihuatzin, quien a su vez era hija de Huitzilíhuitl y hermana de Chimalpopoca, también señores sucesivos de México-Tenochtitlan.

El señorío chichimeca de Acolhuacan se reputaba por uno de los más antiguos del mundo nahua y sus habitantes se tenían por sucesores de los legendarios toltecas.

Habían sido grupos nómadas, procedentes del norte, que hacia el siglo XII, encabezados por Xólotl, destruyeron Tula, capital entonces ya en decadencia de los toltecas. Establecieronse primero en Xóloc, luego en la cercana Tenayuca y finalmente en Tezcoco, capital de su extenso dominio. Sus costumbres rudas se transformaron rápidamente al contacto de otros grupos más avanzados; adoptaron el náhuatl como su lengua y aprendieron muchos de los hábitos y tradiciones de los toltecas supervivientes, a los que mantuvieron como vasallos pero a cuya cultura quisieron sentirse vinculados.

Ixtlilxóchitl era el sexto señor chichimeca y, al igual que sus antecesores, que gobernaron en promedio más de sesenta años cada uno, había tenido un largo reinado. Aquel nacimiento le dio gran alegría porque aseguraba la sucesión de su señorío, ya que con la reina Matlalcihuatzin sólo tuvo, además, dos hijas: Tozcuetzin y Atotoztzin. Los astrólogos precisaron que aquel día *Ce mázatl* tenía un signo afortunado, pues el príncipe que bajo tal signo nacía "sería también noble y principal, tendría que comer y beber, y que dar vestidos a otros, y a otros joyas y atavíos" aunque, añadían, los nacidos bajo este signo son temerosos, de poco ánimo y pusilánimes, ya que es natural del ciervo ser temeroso. Por otra parte, el año *Ce tochtli* indicaba a los nigrománticos que el infante, como los nacidos bajo aquel signo, sería próspero y rico y abundante de todos los mantenimientos, ya que sería gran trabajador y muy aprovechador del tiempo, que vería las cosas de adelante y sabría atesorar para sus hijos y guardaría con circunspección su honra y hacienda.

Ixtlilxóchitl y Matlalcihuatzin dieron a conocer a la nobleza tezcocana y de los señoríos amigos los nombres dados a su nuevo hijo y recibieron de ella los parabienes y presentes acostumbrados, entre los que no faltaron la rodela y la macana, el arco y las flechas que recordaban el inevitable destino guerrero del niño. Y en cuanto se desprendió su cordón umbilical, se le llevó a enterrar con precauciones en tierra de enemigos, dando a entender con ello que desearía hacerles la guerra.

El niño quedó bajo la protección y el regalo de su madre y de la servidumbre de la casa real. Pero en cuanto tuvo "uso de razón", entre los seis y los ocho años, fue enviado al *calmécac* y se inició para él la severa educación destinada a la nobleza. Además, su padre le asignó ayos que "convenían a su buena crianza y doctrina" y, entre ellos, a Huitzilihuitzin, considerado en su tiempo gran filósofo, que sería para el niño y el mozo Nezahualcóyotl no sólo el maestro que acaso despertara en él la afición por el conocimiento del antiguo pensamiento tolteca, la sensibilidad poética y la piedad, sino también un aliado leal y aun heroico en época de adversidades.

LA MUERTE DE IXTLILXÓCHITL

Comenzaban ya por aquellos años los problemas de Tezozómoc, señor de Azcapotzalco, que creía tener derecho al señorío de Tezcoco por ser nieto de Xólotl, pero aún existía cierta paz en el viejo palacio de Oztotícpac. Sin embargo, pronto los aliados de Tezcoco comenzaron a dejarse atraer por las amenazas y pretensiones de Tezozómoc y los choques armados se fueron haciendo graves y frecuentes. Ante el peligro que veía crecer, en 1414 Ixtlilxóchitl determinó que, aunque fuese de manera sumaria, se hiciera en Huexutla la doble ceremonia de su propio juramento como señor de Acolhuacan —que a pesar de haber reinado en paz durante largos años no se había cumplido— y la de Nezahualcóyotl como príncipe heredero. A aquel niño de doce años debieron impresionarlo las palabras llenas de humildad y gravedad que, conforme a los ritos toltecas, su padre dirigía en nombre de ambos a Tezcatlipoca y los consejos que les daban los sacerdotes, que parecían resumir una vieja y honda sabiduría. No era por cierto una ceremonia brillante, pues mientras todos estaban ya en preparativos y resguardos guerreros, sólo los acompañaban como testigos los señores de Coatlichan y Huexutla, además de los dos sacerdotes que oficiaban.

La guerra de los tepanecas de Azcapotzalco, acaudillados por Tezozómoc, contra los tezcocanos o acolhuas se enardecía cada vez más. Los tepanecas quemaron y saquearon Iztapalocan, aunque luego los tezcocanos lograron algunos triunfos y aun sitiaron Azcapotzalco. Se concertaron treguas, que sólo sirvieron para que el tirano repusiese sus fuerzas y urdiese traiciones contra Ixtlilxóchitl. Pronto la guerra se reinició y, después de defender inútilmente durante cincuenta días la ciudad de Tezcoco, el rey tuvo que abandonarla y refugiarse en el bosque de Cuauhyácac y luego en el Tzicanóztoc con su capitán general y el príncipe Nezahualcóyotl. Sus enemigos lo acosaban por todas partes. Pidió auxilio a sus parientes de la provincia de Otompan, que se lo negaron con afrenta. Comprendiendo que no le quedaba más camino que tratar de salir con vida y proteger al príncipe, Ixtlilxóchitl dejó a su familia y criados escondidos en un bosque y, con sólo dos capitanes y su hijo Nezahualcóyotl, se dirigió a una profunda barranca donde pasó la noche. Al amanecer del 24 de septiembre de 1418 un soldado vino a avisarle que lo cercaban enemigos. Sabiendo que lo esperaba la muerte, el rey se despidió del príncipe con estas palabras:

> Hijo mío muy amado, brazo de león, Nezahualcóyotl: ¿a dónde te tengo de llevar que haya algún deudo o pariente que te salga a recibir? Aquí ha de ser el último día de mis desdichas, y me es fuerza partir de esta vida; lo que te encargo y ruego es que no desampares a tus súbditos y vasallos, ni eches en olvido que eres chichimeca recobrando tu imperio, que tan injustamente Tezozómoc te tiraniza, y vengues la muerte de tu afligido padre; y que has de ejercitar el arco y las flechas; sólo resta que te escondas en estas arboledas porque no con tu muerte inocente se acabe en ti el imperio tan antiguo de tus pasados.

Las lágrimas enmudecieron a padre e hijo. Éste, cumpliendo con la orden paterna, fue a esconderse en un árbol muy copudo y desde allí tuvo que presenciar el último combate y la muerte de su padre. Nezahualcóyotl, que contaba con dieciséis años, era ya desde aquel momento el nuevo señor de Tezcoco, un reino desolado y cautivo.

Cuando los enemigos se retiraron y fue posible rescatar el cuerpo del difunto rey, Totocahuan, uno de los capitanes que lo acompañaban, lo apostrofó diciéndole:

> Oh, Ome Tochtli Ixtlilxóchitl, ya llegó el fin de tus desdichas y principio de tu descanso; empiece ya el llanto de todo tu imperio, y goce de su orfandad... pues hoy le falta su luz y padre: sólo me pesa en dónde irá a parar el niño Acolmiztli Nezahualcóyotl, mi príncipe y señor, y con él sus leales y desdichados vasallos.

Con el auxilio de otros caballeros leales, amortajaron a su señor, lo velaron esa noche y al día siguiente lo incineraron conforme a los ritos toltecas y guardaron sus cenizas secretamente hasta que fuese tiempo de honrarlas como se debía.

Cuando Tezozómoc fue informado de la muerte de Ixtlilxóchitl recompensó a los victimarios. Poco después, se hizo jurar señor de Tezcoco y trató de borrar la memoria de Ixtlilxóchitl y la amenaza de Nezahualcóyotl ofreciendo premios a quien le llevase vivo o muerto al príncipe.

Tres valerosos tezcocanos, Huahuatzin, Xiconocatzin y Cuicuitzcatzin, se impusieron el deber de proteger a Nezahualcóyotl y a su hermano mayor Tzontecochatzin para que no pereciesen a manos de los tepanecas.

Después de esconderlos en una cueva:

> por Tetzihuactla los condujeron a Chiauhtzinco; en seguida los trajeron y los vinieron a poner en los peñascos de Cuamincan. Ahí durmieron un poco; los hicieron levantarse y los vinieron a sacar por la quebrada de Teponazco: no más venían escondiendo a los niños Nezahualcóyotl y Tzontecochatzin. Después los condujeron, cuando hizo claridad, a Otonquilpan. Luego vino Coyohua a observar en Acolhuacan; se vino dejando a los niños encargados a Huahuantzin y Xiconocatzin.

El fiel y eficaz Coyohua había convenido con Itzcóatl, futuro señor de México-Tenochtitlan y tío abuelo de los príncipes tezcocanos, en que enviaría una barca para rescatarlos. Puntualmente llegaron en ella diez hijos de Itzcóatl: Cahualtzin, Moteuzomatzin el viejo, Tecallapohuatzin, Citlalcohuatzin, Cuitlahuatzin, Tzonpantzin, Cuauhtlatohuatzin, Tzacatzin el viejo, Tepollomitzin y Tochihuitzin, comitiva que mostraba la importancia que concedía a la salvación de su sobrino nieto. Con cautela se reconocieron unos y otros y la barca volvió a su puerto con los príncipes y sus protectores.

Probablemente en el tiempo que pasó Nezahualcóyotl refugiado con sus parientes mexicas surgió esta leyenda que muestra el carácter predestinado que se daba al joven príncipe:

> Jugaba Nezahualcóyotl y cayó dentro del agua. Pero llegaron algunos dioses y lo sacaron. Lo llevaron hasta la cumbre del monte de las sutiles nieblas *(Poyauhtécatl)*. Allá logró de ellos una gracia. Lo embadurnaron con la sangre de las víctimas, con el agua del ardor divino, y estas palabras le dijeron:
>
> —Tú serás: ¡lo decretamos! ¡Por tu mano la ciudad [de Azcapotzalco] será asolada!
>
> Inmediatamente lo llevaron al sitio en que había caído y de las aguas salió.

PERSECUCIONES Y ASTUCIAS

"Con recelo y aviso, desamparando a su patria", comienza entonces para Nezahualcóyotl una larga lucha que durará diez años. Moviéndose continuamente de uno a otro de los señoríos vecinos y provocando con cierta inconsciencia juvenil a sus enemigos —lo que se avenía mal con aquel signo de pusilánime y temeroso que le anunciaban sus agüeros—, va preparando y logrando paso a paso la reconquista de su reino. Los señores de Tlaxcala, que eran sus tíos y lo habían criado, le dieron refugio, pero en cuanto se repuso de su orfandad, disfrazado de soldado se trasladó a Chalco para estar más cerca de su patria. Aquí le ocurrió un incidente injustificable y que estuvo a punto de ser funesto: dio muerte a una señora, llamada Zilamiauh o Tziltomiauh, en cuya casa se albergaba. Según una versión, la mujer quiso denunciarlo dando voces, y según otra, ella vendía pulque con el que se embriagaban muchas personas, contra lo que disponían las leyes. El hecho es que, para salvar su vida o castigar aquel tráfico que se consideraba criminal, Nezahualcóyotl mató a la mujer hacia 1419, cuando sólo tenía diecisiete años.

El crimen delató su identidad, lo apresaron los chalcas y, llevado ante su señor Toteotzintecuhtli, fue condenado a ser puesto en una jaula "dentro de una cárcel fuerte, y en su guarda a Quetzalmacatzin su hermano [del señor chalca] con cantidad de gente, y que en ocho días naturales no le diesen ninguna comida ni bebida, porque en esta cruel muerte quería servir al tirano Tezozómoc, y vengar la muerte de aquella señora". Sin embargo, Quetzalmacatzin se apiadó de él, lo alimentó secretamente y, cuando Toteotzintecuhtli decretó la muerte de Nezahualcóyotl, lo ayudó a escapar cambiando sus vestidos y quedándose en su lugar en la jaula. El generoso Quetzalmacatzin fue ajusticiado en lugar del príncipe y éste huyó, por el rumbo de Tlaxcala o de Huexotzinco, hacia donde no pudiesen capturarlo.

Cuando, hacia 1420, comienzan a volver a Tezcoco y a las provincias del señorío sus habitantes, aunque despojados de sus haciendas, Tezozómoc, con el fin de impedir el regreso de Nezahualcóyotl, decide repartir el reino, tomando para sí mismo y para sus allegados algunas provincias y ofreciendo otras a los señores de los reinos vecinos. Mientras Nezahualcóyotl seguía en Tlaxcala, las hermanas del señor de México-Tenochtitlan, que eran sus tías,

> pidieron de merced al tirano la vida de su sobrino, el cual se las concedió, con tal que asistiese dentro de la ciudad de México, sin salir de ella; hasta que segunda vez las mismas señoras alcanzaron del tirano pudiese ir a la ciudad de Tetzcuco en donde le restituyó los palacios y las casas de sus padres y abuelos, y algunos lugares para que le sirviesen, con lo cual tuvo alguna más libertad para poder tratar de restauración del imperio en el año de mil cuatrocientos veinte y seis de la Encarnación que llaman *Matlactliomome tochtli*.

Así, pues, entre 1420 y 1426, de sus dieciocho a sus veinticuatro años, Nezahualcóyotl tuvo un intermedio de paz forzada que pasó en su mayor parte en Tenochtitlan, y al fin, en Tezcoco. En el ocio que se le imponía debió haber completado su educación y su adiestramiento militar, y acaso compuso entonces el "Canto de la huida" en el que cavila sobre el peso de las adversidades que padece:

> En vano he nacido,
> en vano he venido a salir
> de la casa del dios a la tierra,
> ¡yo soy menesteroso!
> Ojalá en verdad no hubiera salido,
> que de verdad no hubiera venido a la tierra…

¿Habré de erguirme sobre la tierra?
¿Cuál es mi destino?...

Me he doblegado,
sólo vivo con la cabeza inclinada
al lado de la gente.
Por esto me aflijo.
¡Soy desdichado!

La tregua terminó con un acontecimiento inesperado y muy propio de aquel mundo en que se daba tanta importancia a augurios y signos. Después de largo tiempo de olvido, Tezozómoc se acordó de Coyohua, el criado adicto de Nezahualcóyotl, y mandó llamarlo. Cuando estuvo en su presencia le dijo:

—He aquí para qué te he mandado llamar:
¿Quién hay que sea el único verdadero? Una mala cosa soñé:
Sobre mí estaba parada un águila,
sobre mí estaba parado un tigre,
sobre mí estaba parado un oso,
sobre mí estaba tendido el rey de las serpientes.
Muy azorado me dejó todo esto que soñé.
Ahora bien, digo yo, Coyohua: no vaya a ser mi ruina Nezahualcóyotl. No requiera venganza de su padre y de su tío Cihuacuecuenotzin... ¡No vaya a cobrar en mis hijos, los reyes y los príncipes, la sangre ardiente...!

Tezozómoc trata familiarmente a Coyohua y lo previene diciéndole, con afectuoso despecho: "Yo sé que tú le mantienes [a Nezahualcóyotl] y le instruyes y mucho le engatusas", pero, al mismo tiempo, intenta atraerlo hacia sus propios intereses, le sugiere que se acerque a sus hijos y le promete que sucederá al príncipe. Una y otra vez, el taimado Tezozómoc propone al fiel Coyohua que traicione y dé muerte a Nezahualcóyotl: que le meta una flecha en el pescuezo, que lo estrangule en su sueño o le estregue los testículos, o bien que, como jugando, sus compañeros le den coces y lo hagan caer a un río o lo quiebren echándolo abajo de una azotea, y una y otra vez Coyohua protege a su señor y sabe mantener las esperanzas del viejo Tezozómoc que, en su "cuna de mimbres entre algodones", seguía empecinado con la idea de que aquellas ingenuas encomiendas iban a librarlo de su adversario.

Cuando Tezozómoc siente cercano el fin de sus días, encarga a sus hijos Maxtla, Tayatzin y Tlatoca Tlizpaltzin que, si quieren llegar a ser señores de su imperio, maten a Nezahualcóyotl cuando venga a sus exequias. En efecto, el 24 de marzo de 1427 fallece Tezozómoc en Azcapotzalco. Nezahualcóyotl llega entre los señores que concurren a dar el pésame a los hijos que, aunque recuerdan el encargo de su padre, consideran inoportuno cumplirlo en aquella triste ocasión y deciden aplazarlo. Aun así, por consejo de su primo Moctezuma, Nezahualcóyotl vuelve a Tezcoco en cuanto concluyen las ceremonias fúnebres. Pocos meses después, Maxtla y Tayatzin se disputan el trono tepaneca, que al fin obtiene el primero después de dar muerte a Tayatzin, al que su padre había designado sucesor.

Ya en el poder, Maxtla se convierte en un tirano poderoso y cruel. Toma preso a Chimalpopoca, señor de México, al que pone en una jaula. Nezahualcóyotl, con riesgo de su vida, va a Azcapotzalco para pedir a Maxtla la libertad de su tío, con estas supuestas palabras de excesiva condescendencia:

> Muy alto y poderoso señor: bien entiendo y conozco que el gran peso del gobierno de Vuestra Alteza le tendrá afligido y con cuidado: yo vengo a pedirle y suplicarle por el rey Chimalpopoca, mi tío, a quien como pluma preciosa que estaba puesta sobre vuestra imperial cabeza, la tiene quitada, y el collar de oro y pedrerías con que su real cuello adornaba lo tiene desatado, y en sus manos asido y apretado; a quien suplico como rey piadoso eche en olvido la venganza y el castigo y ponga los ojos en el desdichado viejo, que está su cuerpo desflaquecido, y desamparado de los bienes y fuerzas de la naturaleza.

El parlamento conmueve a Maxtla quien permite a Nezahualcóyotl hablar con su tío, al que luego dejará libre. El cronista Alva Ixtlilxóchitl —en un estilo con ciertos ecos cervantinos– ha imaginado también el discurso que dirigió el príncipe al viejo rey prisionero:

> Poderoso señor: trabajos son éstos y esclavitud que padecen los príncipes y señores en el discurso de sus

reinados: pague y satisfaga los lances que promete el reinar y mandar entre tiranos. De una cosa se puede consolar, que es dentro de la corte y cabecera del reino que sus padres y abuelos, Acapamichtli y Huitzilíhuitl le dejaron, y es de tener muy gran lástima de la calamidad de sus súbditos y vasallos, pues están con tanta aflicción los mexicanos y tenochcas, hasta ver en qué ha de venir a parar esta prisión y calamidad de vuestra alteza, y qué es lo que pretende hacer el tirano Maxtla, que yo fui a verle.

Chimalpopoca agradece a Nezahualcóyotl el peligro a que se ha expuesto por socorrerlo, le regala las joyas que llevaba consigo y le aconseja que, para proteger sus reinos, se alíe con su tío Itzcóatl y su primo Moctezuma, aconsejándose mutuamente, ya que él, Nezahualcóyotl, habrá de ser "el bastimento y munición de los mexicanos y aculhuas".

Provocando el peligro, Nezahualcóyotl vuelve a Azcapotzalco con el pretexto de agradecer a Maxtla que haya puesto en libertad a Chimalpopoca. Maxtla intenta matar al príncipe, e iracundo por no haberlo logrado, ordena que se dé muerte a Chimalpopoca y a Tlacateotzin, señor de Tlatelolco. Sin embargo, según otras crónicas, Chimalpopoca se suicidó atemorizado o los mismos mexicas le dieron muerte para castigar su cobardía. El hecho es que, hacia 1427 o 1428, Itzcóatl sucede a Chimalpopoca, su medio hermano, en el señorío de México-Tenochtitlan, y Cuauhtlatoatzin es el nuevo señor de Tlatelolco. Varias veces más Nezahualcóyotl escapa de las insidias de sus enemigos. Decidido a librarse del único obstáculo que subsiste en su dominio, Maxtla ordena a Yancuiltzin, medio hermano de Nezahualcóyotl, que lo mate en un convite al cual debería asistir. Lo salva en esta ocasión su instructor, Huitzilihuitzin, quien determina traer a un mancebo de Coatépec, muy parecido al príncipe, al que se instruye en los usos de la nobleza y se viste como aquél. Cuando el desventurado sustituto participaba en una danza general, en efecto, fue violentamente asesinado y su cabeza llevada a Maxtla en el momento en que éste visitaba a Itzcóatl para darle parabienes por su elección. Los mensajeros, viendo a Nezahualcóyotl, que estaba también allí con su tío, quedaron estupefactos, y el príncipe aprovechó la ocasión para decirles: "que no se cansasen en quererle matar porque el alto y poderoso dios le había hecho inmortal".

Torquemada relata una escaramuza más de esta constante provocación y juego de fingimientos que hace Nezahualcóyotl con su enemigo. Va el príncipe a Azcapotzalco con un rico presente de vestidos y mujeres para Maxtla; llega al oscurecer y se hospeda en casa de un amigo para que nadie tenga noticia de su llegada. A la mañana siguiente, anuncia a Maxtla su visita, y éste, confiado en que tendrá una buena oportunidad para matarlo, se finge enfermo y ordena que una mujer, Malin, aposente a Nezahualcóyotl. Cuando advierte la intención del tirano, hace que le digan que sólo iba para besarle las manos y que con que lo supiese quedaría contento. Temiendo no poder escapar con vida,

Nezahualcóyotl pide a un caballero que lo acompaña guarde la puerta mientras se disfraza y huye, rompiendo las cañas que hacían pared. Pronto llegan cuatro señores con orden de Maxtla para matarlo y, viendo que no se encuentra en el aposento, mandan llamarlo con su servidor el cual, fingiendo hacerlo, huye tras su señor. De Azcapotzalco se dirige Nezahualcóyotl a Tlatelolco en una canoa, por considerarla más segura, y se hospeda en casa de su amigo Chichíncatl.

Maxtla decide entonces enviar a cuatro de los más valerosos capitanes de su ejército a Tezcoco para matar al príncipe. Éste se encuentra celebrando consejo con varios señores, entre ellos su hermano mayor Cuauhtlehuanitzin y su sobrino Tezontecochatzin, y juntos deciden afrontar con astucia al enemigo. La mañana siguiente celebran un juego de pelota y, cuando llegan los capitanes tepanecas, los reciben cortésmente y los invitan a comer mientras Nezahualcóyotl está sentado en su trono frente a ellos. En un momento convenido, Coyohua, el criado del príncipe, finge sacudir una manta sólo para ocultar a Nezahualcóyotl quien sale por una trampa que, por consejo del infortunado Chimalpopoca, tenía preparada detrás de su trono. Esto ocurrió el 20 de julio de 1427. El *Códice Xólotl* consigna el suceso en una expresiva imagen. En la parte superior, Nezahualcóyotl y Coyohua se encuentran en el juego de pelota, y en la inferior, llegan los cuatro enviados de Maxtla y preguntan por el príncipe y su criado. El tema de la conversación de éstos, Nezahualcóyotl, está indicado, entre las dos volutas que significan palabras, por su jeroglífico, el coyote hambriento.

Tras esta última asechanza, queda declarada la persecución a muerte de Nezahualcóyotl. Durante catorce días el príncipe huye, recurriendo como es su costumbre a mil astucias. En Coatlan una mujer lo oculta entre manojos de chía; los otomíes que comanda Coácoz, cuando ven acercarse a los enemigos, lo esconden en el interior de un gran tambor y empiezan a "tocarle y a cantar todos a usanza de guerra". Lo encubren y lo protegen hombres y mujeres de Tetzcotzinco, Metla, Zacaxachitla, Tlecuílac, Tepeapulco, Colnapanolco y Calpolalpan. Su viejo maestro Huitzilihuitzin es atormentado por negarse a delatarlo, y se salva prodigiosamente: una gran borrasca lo arrebata de sus verdugos. Su medio hermano Yancuiltzin, en cambio, acepta el ofrecimiento de Maxtla para suplantarlo en el gobierno de Tezcoco. En algún momento las muchas calamidades e infortunios que deben sufrir él y sus seguidores parecen quebrarle la voluntad, como cuando apostrofa a sus fieles cerca de Tlecuílac diciéndoles:

> ¿A dónde vais? ¿A qué padre seguís que os ampare y defienda? ¿No me veis cuán solo y afligido voy por estas montañas y desiertos siguiendo las veredas y caminos de los conejos y venados, y que no sé a dónde voy y si seré bien recibido, y mis enemigos me darán alcance y me matarán, pues mataron a mi pa-

dre que era más poderoso; que yo soy huérfano y desamparado de todos? Volveos a vuestras casas, no muráis conmigo ni por mi causa caigáis en desgracia del tirano y perdáis vuestras casas y haciendas.

Consigue, pues, que vuelvan a sus casas los más de sus fieles, quedan sólo con él su hermano mayor Cuauhtlehuanitzin y su sobrino Tzontecochatzin, que se niegan a dejarlo, se recupera de su abatimiento y prosigue su lucha. Pero ya no sólo huye para salvarse. Al mismo tiempo, comienzan a cruzar los caminos sus mensajeros para concertar la ayuda de sus aliados y reconquistar su señorío, y pronto comienza a recibir noticias favorables.

Reconquista y coronación

ALIANZAS PARA LA LUCHA

Tezozómoc y Maxtla habían suscitado muchos agravios con su tiranía entre los pueblos de la altiplanicie y, por otra parte, tenía muchos antiguos amigos y adictos la causa de aquel príncipe desposeído de su señorío. De allí que le haya sido fácil concitar alianzas para la lucha contra los tepanecas. Los pueblos de Zacatlan, Tototépec, Tepeapulco, Tlaxcala, Huexotzinco, Chololan y Chalco acuden al llamado de Nezahualcóyotl. El cuartel general se establece en Calpolalpan. Los ejércitos aliados deciden atacar, por un lado, a Acolman y Coatlichan, donde estaba la mayor concentración tepaneca, y por otro a Tezcoco mismo, empresa que se reserva a Nezahualcóyotl. El ataque fue fulminante. Los enemigos se defendieron pero pronto fueron desbaratados, saqueadas sus casas y ciudades y muertos sus principales jefes.

Después de socorrer los combates de Acolman y Coatlichan, Nezahualcóyotl entró en Tezcoco, que se le rindió. Decidido el primer triunfo, el príncipe dio las gracias a sus principales aliados, los chalcas, huexotzincas y tlaxcaltecas, así como a los de otros pueblos, les concedió el disfrute del botín de guerra y dejó convenida con ellos su ayuda para recobrar el resto de sus dominios. Ya conquistada la cabeza de su señorío, fortaleció la ciudad de Tezcoco y restableció las fronteras que confinaban con tepanecas y mexicanos. Esto ocurrió el 11 de agosto de 1427, el día *Ce ollin*, quinto del octavo mes llamado *Micailhuitzintli*.

Aún quedaban muchas tierras por recobrar y Nezahualcóyotl prosiguió la reconquista de su reino. Itzcóatl, señor de México-Tenochtitlan, le ofreció su ayuda, ya que los mexicanos sufrían también la tiranía de Maxtla. Después de entrevistarse Itzcóatl y Nezahualcóyotl, la alianza quedó concertada. Los ejércitos de ambos pueblos combatieron juntos y sufrieron algunos reveses, pero Nezahualcóyotl sabía reanimar el valor titubeante de los soldados. Así dio principio la alianza del señorío de Tezcoco con el señorío o imperio de México-Tenochtitlan, que pronto se convertirá en la Triple Alianza al asociar a ella el señorío de Tlacopan.

El pacto con el más fuerte era necesario políticamente, y aun lo imponían los vínculos de parentesco que ligaban a Nezahualcóyotl con los señores de México reinantes en aquellos años. Chimalpopoca e Itzcóatl eran sus tíos y Moctezuma su primo. Nezahualcóyotl tuvo ciertos conflictos por cuestiones religiosas o por encontradas ambiciones con estos últimos; no obstante, la alianza se mantuvo y el señor de Tezcoco fue siempre factor importante en los grandes acontecimientos y sucesiones reales de aquellos años en México-Tenochtitlan. Incluso a la muerte de Nezahualcóyotl, su hijo Nezahualpilli continuó estos usos y trato con los mexicanos. Cuando muere Axayácatl, Nezahualpilli pronuncia la oración fúnebre y después, junto con Totoquihuatzin de Tlacopan, arma caballero a su sucesor Tízoc y ambos lo acompañan en las ceremonias de su entronización, como el baile en honor de Huitzilopochtli, y le entregan el incensario con que debía sahumar la música. Y a la muerte de Tízoc, de nuevo Nezahualpilli lo llora, lo amortaja, decide que se le haga un entierro solemne, y luego entrega el poder al nuevo señor mexicano, Ahuízotl, con las ceremonias y discursos acostumbrados.

Sin embargo, la alianza con los mexicas disgustó profundamente a cuantos tezcocanos recordaban la tiranía y crueldades de aquel pueblo y no querían aceptar las razones políticas que la determinaban. Algunos señoríos menores, inconformes con la decisión de Nezahualcóyotl, se le rebelaron. Así aconteció con Chalco, Huexutla y con su propia ciudad de Tezcoco, acaudillada por Iztlacauhtzin, su capitán general, quien no parecía dispuesto a olvidar el aborrecimiento que sentían por los aztecas. El príncipe pospuso el castigo de los rebeldes y, por el momento, unió su ejército al de los mexicas para dar batalla a Maxtla. Como había quedado convenido, volvieron a auxiliarlo huexotzincas y tlaxcaltecas. Se formaron tres escuadrones, uno capitaneado por Nezahualcóyotl y Xayacamachan, otro por Itzcóatl y otro más por Moctezuma y Cuauhtlatoatzin. La guerra se prolongó durante ciento quince días, pues ambos bandos peleaban con furia, pero finalmente los aliados

> rompieron y desbarataron el ejército de Maxtla, haciendo huir sus gentes, y en el alcance quedaron muchos de ellos, y entrando por la ciudad de [Azcapotzalco], la destruyeron y asolaron... Maxtla, que se había escondido en un baño de sus jardines, fue sacado con gran vituperio, y Nezahualcoyotzin lo llevó a la plaza principal de la ciudad y allí le sacó el corazón como en víctima y sacrificio a sus dioses, diciendo lo hacía en recompensa de la muerte de su padre el emperador Ixtlilxóchitl, y que aquella ciudad por ignominia fuese desde aquel tiempo un lugar donde se hiciese feria de esclavos. Este fin tuvo aquella ciudad insigne, que fue una de las mayores que hubo en la Nueva España, y que por su grandeza se le puso el nombre que tiene de Azcapotzalco, que quiere decir hormigueros...

Tal es la versión que proponen los historiadores Alva Ixtlilxóchitl y Torquemada del fin de la tiranía de Maxtla y de las persecuciones que sufrió Nezahualcóyotl. Según otras crónicas, Maxtla no murió en esta ocasión y sobrevivió a la destrucción de Azcapotzalco, que debió ocurrir en 1427 o 1428.

Posteriormente, Nezahualcóyotl recuperó su propia ciudad, que estaba en poder de Iztlacauhtzin, y completó la pacificación de sus provincias, sujetando a poblaciones como Xochimilco y Cuitláhuac, que no habían querido rendirle obediencia. Al parecer, estas últimas acciones militares de consolidación de su señorío se prolongaron hasta 1430, año en que Nezahualcóyotl aún se encontraba en la ciudad de México donde dirigió varias obras civiles cuya trascendencia para la vida futura de la ciudad no requiere ponderaciones. Además de unos palacios que construyó para su propia habitación, "hizo el bosque de Chapultepec y metió el agua en la ciudad por tarjea, que hasta entonces iba por una zanja". La leyenda lo hace constructor de un palacio al pie del cerro, de los manantiales y el acueducto, y aun agrega que él sembró los ahuehuetes del bosque, que aún disfrutamos. Habían pasado ya cuatro años en que Nezahualcóyotl tenía su casa y corte en la ciudad de México, pero una vez recuperado y pacificado su señorío, consideró que era el momento de ser jurado señor de Tezcoco y volver a su propia ciudad.

LA DIGNIDAD Y EL MANDO

En el año *Nahui ácatl* o 4 Caña, 1431, a los veintinueve años de su vida, Nezahualcóyotl fue finalmente jurado señor de Tezcoco. Habían pasado diecisiete años desde aquel remoto 1414 en que su padre Ixtlilxóchitl lo había designado heredero de Tezcoco, y trece desde la muerte del viejo rey, la mayor parte de los cuales habían sido para él de persecuciones, peligros, luchas y destierro. La ceremonia se celebró aún en la ciudad de México o ya en Tezcoco, y en ella, conforme a los acuerdos de la alianza, Nezahualcóyotl fue coronado por Itzcóatl, señor de México-Tenochtitlan, acompañado por Totoquihuatzin, señor de Tlacopan, y por los nobles de los tres reinos.

En los ritos y solemnidades con que recibió la dignidad y el mando de *Acolhua Tecuhtli* se combinaron los usos propios de Tezcoco con los que seguían los señores mexicas. Primero se vistió al príncipe con una ropa real de algodón azul, se le calzó con unas cutaras, también azules, y se le puso en la cabeza, como insignia real, una venda del mismo color, forrada, más ancha hacia la frente, de modo que parecía una media mitra. Con estos hábitos, el príncipe se dirigió al templo de Tezcatlipoca, acompañado por todos los grandes y principales del reino, y por los reyes de México y de Tacuba. Llegado en presencia del ídolo, desató su manto para quedar desnudo frente a él y recibió un incensario con el que sahumó, con aromas de copal, al dios y hacia las cuatro direcciones cardinales.

Luego comenzó a decir:

> ¡Oh señor nuestro humanísimo, amparador y gobernante invisible e impalpable! Bien sé que me tenéis conocido, que soy un pobre hombre de baja suerte,

criado y nacido entre estiércol, hombre de poca razón y bajo juicio, lleno de muchos defectos y faltas, que ni me sé conocer, ni considerar quien soy...
me habéis puesto en la dignidad y trono real, ¿quién soy yo, señor mío, y qué es mi valer para que me pongáis entre los que vos amáis, conocéis, y tenéis por amigos escogidos...
para regir vuestros reinos estando dentro de ellos y hablando por su boca, y pronunciando ellos vuestras palabras y para que se conforme con el querer del antiguo dios y padre de todos los dioses, que es el dios del fuego, que está en la alberca del agua entre almenas cercado de piedras como rosas, el cual se llama Xiuhtecutli, quien determina, examina y concluye los negocios y litigios del pueblo...?
¿Qué modo tendré en gobernar y regir esta vuestra república? ¿Cómo tengo de llevar esta carga del regimiento de la gente popular, yo que soy ciego y sordo...?
Puesto que ya tenéis determinado de ponerme en escarnio y burla del mando, hágase vuestra voluntad y disposición, y cúmplase vuestra palabra...
¿O por ventura es como sueño, o como quien se levanta durmiendo de la cama esto que me ha acontecido? ¡Oh señor que estáis presente en todo lugar, que sabéis todos los pensamientos, y distribuís todos los dones!; plegaos de no esconderme vuestras palabras y vuestras inspiraciones... con que sugeristeis e insuflasteis a vuestros antiguos amigos... y usáis de ellos como de vuestras flautas hablando dentro de su interior y poniéndoos en sus caras y en sus oídos y abriendo sus bocas para bien hablar...
Por esto, señor, los adornáis con prudencia y sabiduría, para que vean, como en el espejo de dos haces, donde se representa la imagen de cada uno, y por la

misma causa les dais una hacha muy clara sin ningún humo, cuyo fulgor se extiende por todas partes...

¡Oh señor nuestro humanísimo, sabedor de los pensamientos y dador de los dones! ¿Está por ventura en mi mano la manera de vivir, y las obras que tengo de hacer en mi oficio que es vuestro reino y dignidad y no mía?...

Tened por bien darme un poquito de luz, aunque no sea más de cuanto echa de sí una luciérnaga que anda de noche, para ir en este sueño y en esta vida dormida, que dura como el espacio de un día donde hay muchas cosas en que tropezar, y muchas en que dar ocasión de reír, y de otras que son como camino fragoso, que se han de pasar saltando...

ya me habéis hecho espaldar de vuestra silla y vuestra flauta sin ningún merecimiento mío; yo soy vuestra boca, cara, orejas, dientes y uñas... por esto os ruego que pongáis dentro de mí vuestro espíritu y vuestras palabras...

Al concluir estas palabras de agradecimiento y de petición de ayuda a Tezcatlipoca, el *Acolhua Tecuhtli* Nezahualcoyotzin, que se había mantenido de pie, desnudo, inclinado hacia la tierra y los pies juntos, volvió la mirada al sacerdote principal llamado *Quequetzalcoa,* o sucesor de Quetzalcóatl, que pausada y gravemente comenzó a dirigirle la admirable plática ritual, que se reservaba para estos actos, y en la que parecía cristalizarse la sabiduría nahua en consejos aún vigentes:

¡Oh señor nuestro serenísimo, y muy precioso! Ya se determinó en el cielo y en el infierno, y se averiguó y te cupo esta suerte, a ti te señaló, sobre ti cayó la elección de nuestro señor dios soberano. ¿Por ventura podráste esconder o ausentar? ¿Podráste escapar de esta sentencia? ¿O por ventura te escabullirás o hurtarás el cuerpo a ella?...

¿Qué harás si en tu tiempo se destruye tu reino, o nuestro Dios envía sobre ti su ira mandando pestilencia? ¿Qué harás si en tu tiempo se destruye tu pueblo, y tu resplandor se convierte en tinieblas?...

Así, pues, es menester, oh rey nuestro, que pongas todas tus fuerzas y todo tu poder para hacer lo que debes en la prosecución de tu oficio con esto en lloros y suspiros, orando a nuestro señor Dios invisible e impalpable. Llegaos, señor, a él muy de veras con lágrimas y suspiros para que os ayude a regir pacíficamente vuestro reino, porque es su honra; mirad que recibáis con afabilidad o humildad a los que vengan a vuestra presencia angustiados o atribulados; no debéis decir ni hacer cosa alguna arrebatadamente, oíd con mansedumbre y por entero las quejas e informaciones que delante de vos se presenten, no atajéis las razones o palabras del que habla, porque sois imagen de nuestro dios, y representáis su persona, en quien está descansando, y de quien él usa como de una flauta y en quien él habla, y con cuyas orejas él oye...

Mirad que la dignidad que tenéis, y el poder que se os ha dado sobre vuestro reino o señorío no os sea ocasión de ensoberbeceros y altivaros...

Mirad, señor, que no durmáis a sueño suelto; mirad que no os descuidéis con deleites y placeres corporales; mirad que no os deis a banquetes ni a bebidas en demasía; mirad que no gastéis con profanidad los sudores y trabajos de vuestros vasallos, en engordaros y emborracharos...

¡Oh señor, rey y nieto nuestro! Dios está mirando lo que hacen los que rigen sus reinos, y cuando yerran en sus oficios danle ocasión de reírse de ellos y él se ríe y calla porque es dios, que hace lo que quiere, y hace burla de quien quiere porque a todos nosotros nos tiene en el medio de la palma de la mano, y nos está remeciendo, y somos como bolas y globos redondos en su mano, pues andamos rodando de una parte a otra y le hacemos reír, y se sirve de nosotros cuando giramos de una parte a otra sobre su palma. ¡Oh señor y rey nuestro, esforzaos en hacer vuestra obra poco a poco!...

Por ventura con brevedad y como cosa de ensueño, te presenta su honra y su gloria; tal vez te da a oler y te pasa por sus labios su ternura, su dulcedumbre, su suavidad, su blandura, y las riquezas que sólo él las comunica, porque sólo él las posee...

Conviene también, ¡oh señor nuestro!, que tengáis mucho cuidado en no decir palabras de burlas o de donaire, porque esto causará menosprecio de vuestra persona; las burlas y chanzas no son para las personas que están en la alta dignidad vuestra...

Mira, señor, que no vuelvas a hacer lo que hacíais cuando no eras señor, que reías y burlabas; ahora te conviene tomar "corazón de viejo" y de hombre grave y severo. Mira mucho por tu honra, por el decoro de tu persona, y por la majestad de tu oficio; que tus palabras sean raras y muy graves, ya tienes otro ser, ya tienes majestad, y has de ser respetado, temido, honrado y acatado; ya eres prenda de gran valor, y persona rara a quien conviene toda reverencia, acatamiento y respeto...

También te conviene, señor, regocijar y alegrar a la gente popular según su calidad, condición y diversi-

dad de grados que hay en la república; confórmate con las condiciones de cada grado y parcialidad de la gente popular. Tened solicitud y cuidado de los *areitos* y danzas, y también de los aderezos e instrumentos que para ello son menester, porque es ejercicio donde los hombres esforzados conciben deseos de las cosas de la milicia y de la guerra...
Conviéneos dar vuelcos en la cama, y habéis de estar en ella pensando en las cosas de vuestro oficio, y en dormir soñando los negocios de vuestro cargo, y las cosas que nuestro señor nos dio para nuestro mantenimiento, como son el comer y el beber, para repartirlo con vuestros principales y cortesanos, porque muchos tienen envidia de los señores y reyes, por tener lo que tienen de comer y de beber lo que beben; y por esto se dice que los reyes y señores "comen pan de dolor". No penséis, señor, que el estrado real y el trono es deleitoso y placentero; no es sino de gran trabajo y de mucha penitencia... ¡Oh señor nuestro y rey! ¡Viváis muchos años trabajando en vuestro oficio real!

Aún habló al nuevo señor otro orador anciano y noble también, aunque en tono más placentero y menos sentencioso. Luego, Nezahualcóyotl contestó a ambos para mostrar una vez más su acatamiento a la voluntad del dios y su reconocimiento por la magnificencia con que lo había distinguido, así como para manifestar que las palabras que le habían dirigido los oradores las guardaría como piedras preciosas, como consejos de padres y madres, y que ellas serían consolación para su pecho y "bordón de mi oficio en mi mano".

Al terminar aquellos discursos y despedir con extremada cortesía a los oradores, bajó del templo con todo su acompañamiento, con gran silencio y acatamiento, y se apostó en la casa de los hombres de dignidad, que estaba al pie del *cu*. Allí permaneció cuatro días, ayunando sin comer más que poca cosa de un solo manjar, a mediodía, y bebiendo agua simple. En aquellos días, además, no había de tener trato con mujer ni hacer cosa deshonesta, y pasaba el tiempo en meditar y considerar la dignidad que recibía y el cuidado que había de guardar en su gobierno. Al salir el sol y al ocultarse, incensaba al ídolo y hacia las cuatro partes del mundo.

Pasados los días de su retiro y ayuno, se iniciaron las ceremonias civiles. Se le bañó con agua fría y, puesta la corona y los hábitos reales y acompañado de los grandes del reino y de los embajadores y personas ilustres que asistían, salió a la plaza al *areito* público y bailó con mucha mesura y gravedad. Lo acompañaron al *areito* y cuando se encaminó a su casa los descendientes de las personas que habían tenido méritos en su vida pasada, con bultos e insignias que representaban la memoria de los servicios que habían hecho al rey o a sus antepasados, y para ser ejemplo ante los demás de los bienes que recibirían por ello. Acabado el *areito,* ya cerca de la noche, recibió, en una gran sala de la casa real, los parabienes de sus súbditos que eran más bien para recordarle una

 vez más los trabajos del gobierno, sus muchos

cuidados y los sobresaltos y mudanzas que acompañaban a la dignidad real, y pedirle que no se descuidase, ya que de él dependía el bien y el mal de todos. Las dos personas de mayor dignidad del reino le hablaban con mayor libertad e insistían aún más en estas advertencias al nuevo señor. Llorando a lágrima viva, decíanle que mirase por el bien público, de manera que sirviese a dios y que sobre todo prefiriese el bien general sobre el suyo particular, y que se acordase, cuando se viera con sus hábitos y adornos reales y en gran abundancia de comidas y manjares, de la necesidad de los pobres para socorrerla, y que no pensase en que aquella majestad suya era perpetua sino prestada en tanto hiciese su deber, porque si no, sería depuesto por quien se la había dado, con mengua e ignominia. El nuevo señor, enternecido y en lágrimas, manifestóles a todos su agradecimiento diciéndoles que, aunque él fuese rey, ellos seguirían gobernando el reino y pidiéndoles que no lo desamparasen sino que, al contrario, con su experiencia lo encaminasen y aconsejasen.

De allí en adelante, comenta Pomar, "mandaba y gobernaba como le parecía que convenía, poniendo todo su cuidado principalmente en tres cosas: la primera, en los negocios de la guerra, lo segundo, en el culto divino, y lo tercero, en los frutos de la tierra, para que siempre hubiese mucha hartura. Oía todos los días cosas de gobierno, porque las de justicia oían los jueces… Despachaba con pocas palabras y jamás se excedía en lo que mandaba".

Teniendo ya en mente las muchas obras que deseaba emprender en Tezcoco, cuando se encontraba aún en la ciudad de México había pedido a su tío Itzcóatl que le diese "cantidad de oficiales de todas las artes mecánicas", a los que sumó luego otros más de Azcapotzalco, Xochimilco y de otros lugares. Y accediendo a las súplicas que, con el apoyo de Itzcóatl, le hicieron sus súbditos, los señores de Huexutla y Coatlichan, que se le habían rebelado y lo tenían ofendido, Nezahualcóyotl decidió trasladarse finalmente a Tezcoco. "En el año 6 *Calli,* 1433, se fue a establecer y gobernar a Tezcoco como rey."

Con toda su familia y corte hizo el viaje por la laguna, desembarcó en el bosque de Acayácac donde lo recibieron los señores y la gente prominente del reino con fiestas y regocijos, y se fue a habitar sus palacios de Cillan.

Antes de salir de la ciudad de México, y presumiblemente con el acuerdo de Itzcóatl, se precisaron los límites entre los señoríos aliados. Se fijó una línea de norte a sur, por medio de gruesos morillos, mojoneras y paredones, desde el cerro de Cuexómatl, por en medio de la laguna hasta el río de Acolhuacan, y luego a los cerros Xóloc y Techimali hasta Tototépec. Para Tezcoco fue la parte oriental y para México-Tenochtitlan la occidental, en la que estaban también comprendidas las tierras del señorío de Tlacopan.

Organización del señorío

MUCHAS TIERRAS Y PROVINCIAS

Una vez reconquistado y pacificado el señorío de sus mayores, y rectificadas sus fronteras, Nezahualcóyotl emprende su organización política y administrativa atrayendo y perdonando a quienes se le habían rebelado, restituyendo antiguos derechos y premiando a sus leales. Un descendiente de Nezahualcóyotl recordará, a fines del siglo XVI, que el señorío de Tezcoco "en tiempos de su gentilidad alcanzó y tuvo grande y extendida jurisdicción, en que entraban muchas tierras y provincias. Corría prolongada desde el Mar del Norte a la del Sur, con todo lo que se comprende en la banda de oriente hasta el puerto de Veracruz, salvo la ciudad de Tlaxcala y Huexotzinco". Estos límites son muy vagos y, una vez más, parecen sospechosos de cierto partidarismo ya que pretenden ignorar la existencia de otros señoríos y, sobre todo, al imperio mexica. De todas maneras, Tezcoco era uno de los principales de aquel tiempo y el segundo después del de México-Tenochtitlan.

En la organización que dio Nezahualcóyotl al señorío de Tezcoco o Acolhuacan se combinaba el sistema de gobierno por señoríos o feudos menores con una administración central, a cargo de consejos generales, mayordomías y un aparato judicial.

Los señoríos menores, dependientes del de Tezcoco, llegaban a catorce y sus gobernantes eran los señores principales del reino. Las designaciones acordadas, tanto por razones políticas como familiares, fueron las siguientes: al frente del de Huexutla devolvió a Tlazolyaotzin, hijo de Tlacazatzin, que se le había rebelado y huido a Tlaxcala; en el de Coatlichan restituyó a Motoliniatzin, que andaba en la provincia de Huexotzinco; en el de Chimalhuacan nombró a Tetzcapoctzin; en el de Tepetlaóztoc quedó Cocopintzin; en el de Acolman, Motlatocacomatzin; en el de Tepechpan, Tencoyotzin, al que sucedió su hijo Cuacuauhtzin; en el de Tecoyoacan, Techotlalatzin; en el de Chicuhnautla, Tezozomotzin; en el de Chiauhtla, Cuauhtlatzacuilotzin, hijo suyo, aún menor, "para que después de criado fuese señor de allí"; en el de Teotihuacan su yerno Quetzalmamalitzin, cuyo difunto padre, Huetzin, había señoreado allí, y a quien además de participar en el consejo de guerra, dio el título de "capitán general del reino de la gente ilustre, y que en su pueblo se despachasen todos los pleitos y negocios que hubiese entre los caballeros y gente noble de los pueblos de las provincias de la campiña"; en el de Otompan, Quecholtecpantzin, con encargo semejante al del anterior, pero "de la gente común y plebeya de las provincias de la campiña"; en el de Tulantzinco, Tlalolintzin; en el de Cuauhchinanco, Nauhecatzin, y en el de Xicotépec, Quetzalpaintzin. Y para sí mismo, reservó Nezahualcóyotl los pueblos de Coatépec, Ixtapalocan, Xaltocan y Papalotlan.

MAYORDOMÍAS Y TRIBUTOS

Al lado de estos señoríos, que tenían cierta autonomía dentro del señorío general, Nezahualcóyotl dividió las demás ciudades, pueblos y lugares del reino en ocho mayordomías cuyo encargo principal, además de atender necesidades locales, era cobrar los tributos y rentas y sustentar, cada una cierto número de días, la casa y corte del rey. Matlalaca recibió la mayordomía de Tezcoco, con sus barrios y aldeas vecinas, y la obligación de proveerlas durante setenta días. Estas provisiones alcanzaban cifras que hoy nos parecen excesivas si no imaginarias, aunque es preciso tener en cuenta que entonces todos los salarios se pagaban en especie y efectos de consumo y que estos tributos se destinaban al sustento de los señores de la corte, de los miembros de los consejos y tribunales y de los criados y servidumbre que, junto con sus familias, vivían en los palacios.

Las otras mayordomías con obligaciones semejantes fueron confiadas como sigue: el segundo mayordomo o *calpixque* fue Tochtli, a quien se encargaron las rentas de Atenco, con sus once pueblos y aldeas cercanas al lago, y la obligación de dar sustentos para otros setenta días. El tercero fue Cóxcoch, responsable de los trece pueblos y lugares de Tepepolco, también con setenta días. El cuarto fue Tlamati, encargado de los trece lugares y aldeas de Axapochco, para dar sustento durante cuarenta y cinco días. El quinto fue Ixotl, con las veintisiete aldeas y lugares de Cuauhtlatzinco, para proveer setenta y cinco días. El sexto fue Cuauhtecólotl, mayordomo de Ahuatépec, con ocho aldeas y lugares, para cuarenta y cinco días. El séptimo fue Papálotl, mayordomo de Tetitlan, Coatépec, Iztapalocan, Tlapechhuacan y sus aldeas, y el octavo fue Cuateconhua, encargado de cobrar los tributos de Tecpilpan y sus ocho aldeas y lugares.

Las ciudades, pueblos y aldeas comprendidos en estas mayordomías, además de ciento sesenta aldeas y lugares que repartió a sus hijos, deudos y personas beneméritas, se consideraban la propia pertenencia del señor Nezahualcóyotl, esto es, lo realengo. Así, pues, dentro del señorío o reino mayor que era Acolhuacan o Tezcoco y cuyo monarca fue Nezahualcóyotl, existían, por una parte, los catorce señoríos "principales", pequeños feudos o gubernaturas al frente de los cuales se encontraban señores de rango, en algunos casos con antiguos derechos por herencia o méritos propios, y por otra, los lugares realengos, distribuidos en las ocho mayordomías, destinados a recabar los tributos y rentas que abastecían a lo largo del año a los funcionarios del reino y a las casas reales.

Conjugándose con esta distribución administrativa y política del reino, existía además el régimen de propiedad o usufructo de las tierras, régimen que seguía en Tezcoco el esquema común a los pueblos nahuas del altiplano. En cada pueblo o ciudad se separaban, por una parte, las tierras dedicadas a sostener los gastos reales o públicos: *tlatecatlalli* eran las tierras del rey; *tecpantlalli*, las de los palacios; *teopantlalli*, las de los templos, etc. Por otra parte, *pillali* eran las tierras de los nobles, que se consideraban propiedad particular. Finalmente, *calpulli* eran las tierras comunales de los barrios de cada pueblo, tierras que no podían ser vendidas sino sólo heredadas por los hijos o deudos del *calpullali* o *macehualli* o jefe de familia, que las trabajaba y usufructuaba. En los mapas antiguos y en las matrículas de tributos cada una de estas diferentes tierras tienen un color distintivo, y las marcas de aquellos documentos fueron los títulos que acreditaron durante la colonia las propiedades comunales.

En toda la extensión del señorío de Tezcoco puso Nezahualcóyotl orden y concierto. A la propia capital la dividió en seis parcialidades: Mexicapan, Colhuacan, Tepanecapan, Huitznáhuac, Chimalpan y Tlailotlacan, encargando de su gobierno a los vecinos y distribuyendo por barrios —como un siglo más tarde lo haría Vasco de Quiroga con los pueblos ribereños del lago de Pátzcuaro— los diferentes oficios: plateros y aurífices en uno, artífices de plumería en otro, pintores en otro, y así hasta contarse más de treinta. Y además de los palacios, templos y jardines que hizo construir y le dieron renombre, mandó también edificar más de cuatrocientas casas y palacios para los señores y caballeros de su corte, cada uno conforme a la calidad y méritos de su persona.

LEGISLACIÓN Y CONSEJOS

La estructura política y administrativa del Estado tezcocano culminaba con un cuerpo de leyes y ordenanzas y con el funcionamiento de cuatro consejos: de Gobierno o de Asuntos Civiles y Criminales, de Música y Ciencias, de Guerra y de Hacienda, todos ellos presididos por parientes muy allegados al monarca.

Las ordenanzas y leyes promulgadas por Nezahualcóyotl, que conocemos en parte, nos parecen ahora, en verdad, decretos de bárbara rudeza en los que las diferentes sanciones no son sino formas más o menos crueles o infamantes de muerte. Aparte de los delitos de traición a la patria o rebelión contra el rey, parecía preocuparles mucho, en el orden civil, el castigo de la homosexualidad, del adulterio, del hurto y aun de la embriaguez. Para mostrarnos con qué rigor se aplicaban estas leyes se mencionan varios casos. Cuéntase, por ejemplo, que "mandó castigar a cuatro de sus hijos porque pecaron teniendo acceso con sus madrastras", y otro historiador precisa que fueron ajusticiados. Menciónanse asimismo los casos de "un hijo de Nezahualcóyotl, muy valiente y valeroso, que fue acusado de pecado nefando, lo sentenciaron a muerte, confirmándolo su padre, y ejecutando él la sentencia", y el de Tezauhpilzintli, hijo legítimo del monarca, que "fue acusado de *crimen legis* contra su padre... sentenciado a muerte y ejecutada en él la sentencia". Sin embargo, según otra versión, las ejecuciones de uno o dos de los hijos de Nezahualcóyotl no fueron actos de justicia sino venganzas políticas. Y recordemos, asimismo, que el propio Nezahualcóyotl, siendo sólo un mozo de diecisiete años, mató en Chalco a una señora porque fomentaba la embriaguez, si no creemos la otra versión más piadosa de que pretendía denunciarlo durante sus persecuciones. En cambio, parece muy moderna la ordenanza que permitía a las mujeres, en caso de culpa del marido, divorciarse, conservar ellas los hijos y repartir entre ambos sus bienes. El Consejo de Gobierno o de Asuntos Civiles y Criminales disponía de grupos de seis nobles y seis plebeyos para cada ramo o competencia, más secretarios, alguaciles y escribas-pintores. Lo presidían dos hermanos del rey, Cuauhtlehuanitzin e Ichantlatocatzin.

Dentro del Consejo de Música y Ciencias existían, al parecer, dos academias: una exclusivamente de poetas, y otra, presidida por Xochiquetzaltzin, hijo del monarca, que congregaba a "los astrólogos, historiadores y a los que tenían otras artes". Las escuelas de arte adivinatorio, poesía y cantares formaban parte, probablemente, de este consejo. De la legislación relativa sólo sabemos que se castigaban las supersticiones y la hechicería aunque se permitía la nigromancia.

Al Consejo de Guerra —que presidían el hijo mayor de Nezahualcóyotl, Acapipioltzin, y su yerno Quetzalmamalitzin, señor de Teotihuacan y general en jefe de los ejércitos tezcocanos— "asistían los más valerosos capitanes y hombres de guerra, así nobles como plebeyos". Las disposiciones relativas se refieren a la obediencia militar, al respeto de los cautivos y botines ajenos, a la protección al rey a que estaban obligados sus guardias y al protocolo y prevenciones que debían seguirse para entrar en guerra. Entre las prescripciones militares, hoy nos parecen sorprendentes las que castigaban con degollación al noble que, habiendo sido cautivo, huía hacia su patria. El pobre tenía que aceptar el cruento honor del sacrificio ritual, del cual sólo podía escapar si vencía, en sacrificio gladiatorio, a cuatro soldados, en cuyo caso era bien recibido y premiado por el rey.

Las leyes hacendarias, en fin, se referían a la cobranza y distribución de los tributos y a los padrones reales. Como lo muestra para los tributarios de México-Tenochtitlan el original que se conserva de la *Matrícula de tributos,* los respectivos pueblos debían entregar: granos, condimentos, cacao, algodón, tabaco, rodelas y petos, mantas, sandalias, mosquiteros, cuerdas, penachos de pluma, etc. Con pena de muerte se castigaban los desmanes de cobradores y el cohecho de los jueces. En el Consejo de Hacienda, que presidía Hecahuehuetzin, también hijo del monarca, "se juntaban todos los mayordomos del rey y algunos mercaderes de los más principales de la ciudad a tratar de las cosas de hacienda del rey y tributos reales".

Motolinía, que estuvo en Tezcoco desde 1524 y pudo recoger allí informaciones directas, se refirió con admiración a la organización de la justicia en este señorío. Dice que, con excepción de los asuntos de guerra, los tribunales y jueces de Tezcoco eran tan respetados que "de México remitían... muchos pleitos para que allí se determinasen y sentenciasen". Para cuestiones de justicia, el señorío estaba dividido en seis cabeceras y cada una de ellas tenía dos jueces, y "todos eran hombres escogidos, personas de buena arte y de buena capacidad; algunos eran parientes del señor". Como salario tenían asignadas tierras con renteros, las cuales tierras no podían traspasarlas por herencia, ya que pasaban al juez que los sucedía. En amaneciendo, los jueces se sentaban en sus esteras para oír pleitos; y cuando se presentaban apelaciones se recurría a dos jueces superiores, que "sentenciaban con parecer del señor". Cada diez o doce días el señor de Tezcoco y todos los jueces tenían acuerdo "sobre los casos arduos y de calidad", presentando en esas reuniones asuntos ya examinados y probados. Los testigos juraban por la diosa Tierra decir verdad, y ésta pocas veces se encubría a la sagacidad de los jueces. Éstos no podían recibir presente alguno y si se sabía que lo habían hecho o habían ido "contra la verdad y rectitud de la justicia" o se embeodaban, los castigaban reprendiéndolos ásperamente, trasquilándolos, privándolos de su cargo y aun ahorcándolos, según la gravedad de su falta.

Motolinía agrega una información interesante. Junto a cada uno de los jueces, además de alguaciles encargados de hacer aprehensiones o pesquisas, a los que se llamaba *achcauhtli*, había "un escribano pintor diestro" el cual con sus caracteres y signos "ponía por memoria lo que se concluía y sentenciaba de los pleitos".

En las provincias y pueblos había otros jueces con autoridad limitada que reservaban los pleitos arduos para las reuniones y ayuntamientos generales, llamados *nappualtlatulli*, que cada ochenta días tenían todos los jueces en Tezcoco, delante del señor, y en las cuales, durante diez o doce días, además de resolver los pleitos difíciles, trataban también sobre asuntos generales tocantes a sus provincias y a todo el reino.

COSTUMBRES Y CULTURA

Además de estos consejos y de los tribunales, funcionaba en Tezcoco otro tribunal más, al que podía llamarse moderador, y que era una manifestación singular del alto grado de la cultura de este pueblo. En una gran sala del *tlacateo,* o escuela de los infantes reales, por ley se reunían cada ochenta días el rey con todos sus hijos, hijas y deudos, con sus ayos y maestros y todos los grandes del señorío. Allí, en un estrado a manera de púlpito, subía un orador que comenzaba a reprender públicamente, dando cuenta de los vicios y cosas mal hechas que se habían visto durante aquel lapso —del rey abajo— y encareciendo al mismo tiempo la virtud y sus provechos y la necesidad de guardar las ochenta leyes establecidas.

> Un sacerdote viejo, con tal que fuese virtuoso y hábil, les hacía un razonamiento que duraba tres y cuatro horas, a manera de sermón, en el que les decía las cosas que era menester remediar, corregir o enmendar, y defectos generales, reprehendiendo comúnmente los excesos que había y enseñándolos a bien y virtuosamente vivir. De manera que algunos de éstos eran tan retóricos, que con su doctrina y ejemplo de buena vida hacían vivir a los hombres en orden y concierto y los animaban y los atraían fácilmente a hacer en la guerra cosas de valor y esfuerzo, y en las de paz, cosas de virtud y buen gobierno. Y esta costumbre era una de las cosas que más se conservaron en su modo de vivir, en la forma en que los hallaron los conquistadores.

Las costumbres todas de los tezcocanos se distinguían por su sobriedad:

La comida y la bebida de los reyes y grandes señores y hombres ricos —continúa refiriéndonos Pomar— no eran nada viciosas, ni guisadas exquisitamente. No pasaban de gallinas, conejos o venados o aves salvajes, asado o cocido, y pan de maíz y ají, tenido por principal apetito. Y la del [pueblo] común era mucho menos, porque caza no la alcanzaban, y cuando comían gallina, era por fiesta y regocijo.

Comían dos veces al día, una en la mañana y otra a la tarde. Su bebida de los poderosos era cacao y por regalo bebían *pinole,* hecho de *chian,* una semilla muy menuda, muy fresca y de mucha sustancia. Y de ésta usaban los plebeyos comúnmente, porque la cogían de sus sementeras.

Dormían poco, porque comúnmente se levantaban dos o tres horas antes de que amaneciese a entender en sus granjerías y cultivar sus tierras y a bañarse en baños que calentaban, hechos a manera de un aposento muy pequeño y muy bajo, en el uno lado del cual tenían un hornillo pequeño en que encendían lumbre y, echándole agua, entraba el calor en el aposento y con el calor de él sudaban y se limpiaban y lavaban. Y con esto, por necesidad de enfermedades, porque de otra manera no se les permitía, especialmente a los hombres ejercitados a la aspereza de los tiempos, demás que decían que encogía los nervios y cocía la sangre.

Los hombres de linaje y todos los oficios de dignidad y el mismo rey y los *tequihuaque* se trataban en sus vestidos muy honestos. Porque no traían más que mantas blancas, si no era en los días de fiesta y *areitos* públicos en que se trataban con no poca diferencia de los mexicanos, tlaxcaltecas o huexotzincas, que siempre andaban arreados a la soldadesca y fanfarronamente.

Esta sencillez y austeridad los hacía muy sanos y lo normal para ellos era morir de muy viejos o al nacer, en contraste con las pestes que, agravadas por el trabajo esclavizante que se les impuso, asolaron la población indígena a raíz de la Conquista.

Bajo Nezahualcóyotl, Tezcoco llegó a ser en verdad un modelo de gobierno, virtudes y cultura para los antiguos pueblos indígenas de la altiplanicie. Según comenta Pomar, "las leyes y ordenanzas y buenas costumbres y modo de vivir que generalmente se guardaban en toda la tierra procedían de esta ciudad. Porque los reyes en ella procuraban que fuesen tales cuales se ha dicho y por ellas se gobernaban las demás tierras y provincias sujetas a México y Tacuba. Y comúnmente se decía que en esta ciudad tenían al archivo de sus consejos, leyes y ordenanzas y que en ella les eran enseñados para vivir honesta y políticamente y no como bestias".

Pero no sólo sobresalía Tezcoco en el mundo nahua como un centro de irradiación cultural y por el archivo de los documentos indígenas que allí se guardaba —esto es, la famosa colección, probablemente la más importante del mundo indígena, que formó Nezahualcóyotl y acrecentó Nezahualpilli, de los "libros pintados": anales históricos, cronologías, genealogías, leyes, ritos y ceremonias religiosas, oraciones, fórmulas mágicas, calendarios adivinatorios y descripciones de dominios y tributos— y el florecimiento de historiadores, poetas y artífices —que se prolongará en el primer siglo colonial—, sino también por la pureza de su lengua. La gente de Tezcoco, decía Durán, "es en todo esmerada y política, avisada y retórica, de linda lengua y elegante y pulida, cuya pulicía en el hablar puede tener la prima, como Toledo en España, que salidos de ella es tosquísima la demás y bárbara". "Es tenida la lengua mexicana por materna y la tezcocana por más cortesana y pulida", confirmaba a fines del siglo XVI el mestizo Muñoz Camargo, y Boturini comentaba que era a "Tetzcuco donde los señores de la tierra enviaban a sus hijos para aprender lo más pulido de la lengua náhuatl, la poesía, la filosofía moral, la teología gentílica, la astronomía, la medicina y la historia". "Tezcoco podía gloriarse de ser la Atenas del mundo occidental", exclamaba Prescott.

Palacios, jardines y escuelas

LOS PALACIOS

Por la descripción que hizo Fernando de Alva Ixtlilxóchitl y por el *Mapa Quinatzin* podemos tener una idea aproximada de los palacios de Nezahualcóyotl y de la disposición que tenían dentro de ellos los órganos de gobierno, los consejos y los jueces que regían el señorío así como los aposentos y jardines. Los obreros mayores o arquitectos que dirigieron su construcción fueron Xilomantzin, señor de Culhuacan, y Moquihuitzin, de Tlatelolco, aunque el mismo monarca estuvo siempre pendiente de las obras.

Limitados por anchas murallas, se extendían estos palacios de Nezahualcóyotl en un gran cuadrilátero, frontero por el lado poniente al lago. Los muros norte y sur tenían una extensión de 1 234 varas, o sea 1 031 metros —para tener un término de comparación recordemos que la Plaza Mayor o Zócalo de la ciudad de México tiene 240 metros por lado—, y los oriente y poniente 978 varas, o sea 817 metros. En el interior, entre grandes y medianos aposentos, había más de trescientas piezas, distribuidas en torno de dos patios principales, el mayor, rodeado de arcadas, que servía de plaza o mercado —y lo sigue siendo en la actual Tezcoco—, donde estaban además el juego de pelota y, sobre una peana, un gran brasero que ardía continuamente de día y de noche. En torno a esta plaza o patio mayor se encontraban, del lado del lago, una de las entradas principales del palacio y la llamada "universidad", o sea el lugar en que se reunían los poetas, historiadores y filósofos del reino, divididos en sus academias respectivas, así como los archivos reales, que serían quemados, como cosas de hechicerías y demonios, a principios del siglo XVI. Al lado norte estaban los aposentos destinados a los reyes de México, de Tlacopan y los otros aliados, cuando venían a Tezcoco, los almacenes de los tributos y el jardín zoológico, las jaulas para las aves y los estanques para los peces, donde se habían reunido todos los animales conocidos en el mundo indígena, y los que no era posible tener allí estaban representados en figuras de pedrería y oro. Un siglo más tarde, el naturalista español doctor Francisco Hernández pudo ver aún los restos de esta colección de la flora y la fauna mexicanas formada por Nezahualcóyotl, que aprovechó para algunas ilustraciones de su *Historia natural de Nueva España*.

En torno al patio menor estaban las salas del gobierno, de los consejos y de los jueces. Al fondo del patio, hacia el oriente, quedaba la sala del consejo real, dividida en dos tribunales, y en cuyo centro ardía un brasero: a la derecha, el *teoicpalpan,* o tribunal de dios, ricamente adornado, con el trono principal y las insignias del poder, y a la izquierda, el tribunal del rey, donde se reunían en torno a Nezahualcóyotl los principales señores de Tezcoco. En el *Mapa Quinatzin* hay una imagen de esta sala de consejos que concuerda con la descripción de Alva Ixtlilxóchitl. En un sitial elevado, al fondo, están Nezahualcóyotl y su hijo Nezahualpilli, y en torno a la sala, cada uno con el signo de su nombre, los catorce señores principales del reino, encabezados por Quetzalmamalitzin, señor de Teotihuacan, yerno de Nezahualcóyotl y presidente del tribunal de nobles. Al centro hay dos braseros y, bajo ellos, el signo 4 *Ácatl,* 1431, el año en que inició Nezahualcóyotl su gobierno en Tezcoco.

Paralelas a estas salas seguían, hacia el costado oriente, otras dos que alojaban, la primera, a los jueces de los nobles y caballeros y a los jueces de los plebeyos, y la última, a los cuatro presidentes de los consejos. El Consejo de Música y Ciencias disponía, además de la "universidad" y los archivos, de otra sala, al lado norte del patio, adornada con una gran *huéhuetl* al centro y con muchas insignias, joyas, rodelas, borlas y penachos de plumería, donde tenían tronos los reyes de Tezcoco,

México y Tlacopan, y que habitualmente estaba concurrida por filósofos, poetas y capitanes famosos y donde "de ordinario estaban cantando los cantos de sus historias, cosas de moralidad y sentencias". Del lado poniente, junto a la comunicación con la plaza, estaba el Consejo de Guerra. Y al costado sur tenían su asiento el Consejo de Hacienda, las salas de los jueces pesquisidores, que salían a las provincias a investigar o a ejecutar lo que el rey ordenaba, y el almacén de armas. Hacia el ángulo sur-oriente de este patio seguían las habitaciones de la reina y sus damas, las cocinas, las habitaciones del rey y, entre torreones y capiteles, se abrían los jardines y recreaciones, las fuentes, estanques y acequias, los baños reales, todo cercado por más de dos mil sabinos y con muchos laberintos en los que era difícil dar con la salida.

JARDINES Y RECREACIONES

Además de los que existían junto a los palacios de Tezcoco, Nezahualcóyotl tenía muchos otros jardines, provistos de árboles y flores raros, traídos en ocasiones de lugares remotos; baños rústicos y grutas convertidas en casas de campo; montañas para la caza, bosques y sementeras para su beneficio. Varios pueblos se alternaban y distribuían el cuidado y servicio de estos dominios.

Mas entre los lugares de recreación que existieron en el antiguo Tezcoco el preferido por Nezahualcóyotl y el más famoso fue el bosque de Tetzcotzinco, situado en una colina de figura cónica, cercana a la capital del señorío. Estaba todo cercado y, para subir a la cumbre, tenía "quinientos y veinte escalones" construidos con argamasa o labrados en la roca. Como carecía de agua, para regar el bosque hizo construir un acueducto con altas murallas que vertían sus canales en lo más alto de la colina de donde el agua descendía a una serie de estanques. En el primero de ellos se había esculpido en una gran roca, dentro de un círculo, los acontecimientos principales de la vida de Nezahualcóyotl, desde su nacimiento hasta aquellos días, con signos de sus hechos memorables; en el centro estaba grabada una alegoría de su vida y destino: dos casas, una ardiendo y consumiéndose y otra "ennoblecida de edificios", y en medio de las dos, una pata de venado, adornada con una piedra preciosa y un penacho de plumas. Estaban también representados una cueva, con un brazo que sostenía un arco y flechas; un guerrero, dos tigres de cuyas fauces salían agua y fuego y, alrededor, una orla con doce cabezas de reyes y señores. Cuando vino a México el primer obispo fray Juan de Zumárraga, hacia 1528, mandó picar y hacer pedazos aquella obra creyendo que podrían ser imágenes de ídolos.

De aquel primer estanque de la roca labrada se repartía el agua a ambos lados del bosque. Aún en esta explanada superior había unas construcciones, a manera de torres, rematadas por un macetón del que salían penachos de plumería, que significaban la etimología del nombre del bosque. Un poco más abajo de la peña del estanque estaba la escultura de un león, con alas y pluma, echado y mirando hacia el oriente, por cuya boca se asomaba el rostro del rey. Descendiendo la pendiente había tres estanques más, con diversas imágenes labradas en la roca: tres ramas que significaban el gran lago y las tres cabezas del imperio o la alianza, el nombre y el escudo de Tollan, capital de los toltecas, y de Tenayuca, capital del antiguo señorío chichimeca. De la última alberca salía un chorro de agua que saltando sobre unas peñas iba a caer como lluvia a un jardín de flores olorosas de tierra caliente.

Junto a este jardín estaban los famosos baños de Nezahualcóyotl, formados por estanques excavados en el pórfido macizo. Una gradería, labrada también en la roca y bruñida como espejo, conducía de los baños al palacio y al alcázar que tenía el rey en este bosque y adonde solía retirarse para sus meditaciones y ayunos. Además de muchas salas y aposentos, algunos de gran amplitud, había un patio para recibir a los señores de México y Tlacopan y para hacer danzas y representaciones. Alva Ixtlilxóchitl concluye su fascinada descripción de los esplendores del bosque de Tetzcotzinco con estas palabras:

> Estaban estos alcázares con tan admirable y maravillosa hechura y con tanta diversidad de piedras que no parecían hechos de industria humana: el aposen-

to en donde el rey dormía era redondo; todo lo demás de este bosque, como dicho tengo, estaba plantado de diversidad de árboles y flores odoríferas, y en ellos diversidad de aves, sin las que el rey tenía en jaulas y traídas de diversas partes, que hacían una armonía y canto que no se oían las gentes; fuera de las florestas, que las dividía una pared, entraba la montaña en que había muchos venados, conejos y liebres, que si de cada cosa muy en particular se describiese, y de los demás bosques de este reino, era menester hacer historia muy particular.

ESCUELAS

La "universidad", que se encontraba en el patio mayor de los palacios, donde se reunían los poetas y sabios del reino y donde estaban asimismo los archivos reales; la sala de música y ciencias, del patio menor, y las "escuelas de arte adivinatorio, poesía y cantares" constituían lo que pudiera llamarse los centros de la cultura superior de Tezcoco. La educación regular para los niños y adolescentes quedaba a cargo de las otras escuelas que estaban situadas, junto con los templos, al lado de los palacios y comunicadas con ellos.

La primera de éstas, el *tlacateo* —que acaso haya sido una variante tezcocana del *calmécac* azteca—, estaba al lado poniente de los templos. Allí asistían los numerosos infantes reales "con sus ayos y maestros, que les enseñaban toda la policía de su modo de buen vivir, y todas las ciencias y artes que sabían y alcanzaban, hasta las mecánicas de labrar oro, pedrería y plumería, y las demás; y asimismo el ejercicio militar, con tanto cuidado que no los dejaban un punto estar ociosos". En otro edificio contiguo se doctrinaban y criaban las hijas del rey.

Existía también el *telpochcalli* de los mexicas, o sea la escuela común para los muchachos de la ciudad.

Estas informaciones de Alva Ixtlilxóchitl se completan con las que ofrece Pomar acerca de las enseñanzas y del rigor que existía en la primera de estas escuelas. En cuanto los niños tenían "entendimiento y uso de razón" eran desprendidos de sus madres y enviados a la escuela para ser "enseñados por el sacerdote principal a todo ejercicio de virtud, honestidad y crianza y especialmente en el arte militar". La pedagogía era de espartana severidad:

> Aunque fuesen los hijos legítimos del rey andaban con solamente unos pañaletes de algodón con que cubrían las desvergüenzas, y unas mantas ásperas de nequén, sin diferencia de los demás hijos de los señores, o hidalgos o plebeyos. Hacíanlos dormir en esteras y con una ropa de nequén basta y muy gorda. En siendo después de media noche, se levantaban y lo primero que hacían era bañarse en agua fría, sin jamás dejarlo de hacer en tiempo de frío o calores. Y luego tomaban escobas y barrían los templos y las casas y patios de ellos.

Antes de que amaneciese, los más pequeños iban al monte a buscar ramas de abeto y espinas para el culto mientras los demás incensaban hacia los cuatro puntos cardinales. El propósito de esta severidad era el curtirlos a las inclemencias y habituarlos al poco sueño y comida para que sintiesen menos los rigores de la guerra. "Pasaban el día —dice Pomar— en enseñarlos a bien hablar, a bien gobernar, a oír de justicia, y en pelear de rodela y macana y con lanza con pedernal a manera de pica y aunque no tan larga. Y esto hacían los que ya tenían edad para ello. Otros se iban a la casa de canto y baile a deprender a cantar y bailar. Otros al juego de pelota."

Como aparece ilustrado en el *Códice Mendoza,* los escolares tezcocanos que asistían al *calmécac* eran castigados muy severamente por sus faltas o excesos, aunque éstos fuesen sólo el comer lo que sus madres por piedad les enviaban. Punzábanles las orejas o los muslos con espinas de maguey, los hacían aspirar humo de chiles quemados o los azotaban con ortigas. Bebían sólo agua y comían miserablemente dos veces al día las pocas tortillas que les arrojaban, como a perros, los sacerdotes. Era, pues, una escuela sobre todo de endurecimiento, ascetismo y autodominio.

Había, además, otra escuela especial para la educación de las hijas del rey y acaso de la nobleza, y, entre los templos, "había uno donde había muchas mujeres reclusas y encerradas, y asimismo se criaban algunas de las hijas de los señores y ciudadanos". Pomar cuenta que las niñas recibían principalmente la educación de sus madres, que las imponían a "tejer, hilar y hacer de comer" aunque algunas había que se inclinaban a tañer, cantar y bailar. El convento o el cuidado de casa e hijos eran, pues, su destino.

Al parecer, en Tezcoco se aplicaba fundamentalmente el sistema de educación azteca, en el cual existían dos tipos principales de escuelas: el *telpochcalli,* para la mayoría del pueblo, en el que se enseñaban elementos de religión y moral, pero sobre todo se adiestraba a los alumnos en las artes de la guerra, pues dichos centros estaban dedicados a Tezcatlipoca; y el *calmécac,* escuela de educación superior, para los hijos de los nobles y los sacerdotes, en el que se transmitían las doctrinas y conocimientos más elevados, los cantos e himnos rituales, la interpretación de los "libros pintados" y nociones históricas, tradicionales y calendáricas. Los primeros, los *telpochcalli,* permitían a sus alumnos costumbres más bien libres, bailes y amancebamientos, pues preparaban guerreros. Los *calmécac,* en cambio, tenían la advocación de Quetzalcóatl, que era la divinidad del autosacrificio y la penitencia, del conocimiento y del espíritu, y preparaban consiguientemente sacerdotes, sabios y gobernantes. De acuerdo con las informaciones de la *Relación* de Pomar, en el *calmécac* o *tlacateo* de Tezcoco el adiestramiento militar completaba la formación moral e intelectual.

Templos, alianzas y guerra

TEMPLOS Y SACRIFICIOS

Alfredo Chavero hacía notar que la familia mexicana de Nezahualcóyotl, su educación y sus largas estancias en Tenochtitlan determinaron que llevara a Tezcoco la misma organización civil y religiosa de los mexicanos. Podría agregarse que lo forzaban a hacerlo el hecho de que su pueblo no tenía un panteón propio, ya que compartía sus dioses con los aztecas, dioses que procedían en su mayor parte de otros pueblos, principalmente de los toltecas, e incluso de los acolhuas o chichimecas, y de que, además, existían fuertes ligas militares y políticas con sus imperiosos vecinos. Sin embargo, sobre el esquema ritual azteca, Nezahualcóyotl impondría en su madurez su propio sello, el de la búsqueda del espíritu.

Contiguo al cuerpo de los palacios se encontraban los templos principales de

Tezcoco. El mayor era la pirámide dedicada a Huitzilopochtli y a Tláloc. Medía ochenta brazas largas por lado y, por el costado poniente, donde se ascendía al terraplén superior, tenía ciento sesenta escalones. Arriba se hallaban los aposentos de ambos ídolos y, frente a ellos, un patio amplio donde estaba el *téchcatl* o piedra de los sacrificios. En las capillas de los ídolos había sobrados, servidos por escaleras portátiles, llenas de macanas, rodelas, arcos, flechas, lanzas, guijarros y otros arreos de guerra. Junto a este templo mayor había otro redondo dedicado a Quetzalcóatl; un estanque, llamado *tetzapan*, en donde se lavaban los vasos de la sangre de los sacrificios y donde se enjugaban también los que se sacaban sangre, y un cercado con gran variedad de árboles y arbustos espinosos, llamado *teotlapan* o tierra de dios.

Existían muchos otros templos, aunque menores, con una distribución semejante a la del templo mayor y, además, numerosas salas y aposentos para la vivienda de los sacerdotes y ministros de los templos, para el *calmécac* y para albergar el convento de mujeres dedicadas al culto.

En Huitznáhuac, uno de los barrios de Tezcoco, estaba el *cu* o templo de Tezcatlipoca, también en forma de pirámide aunque sin división en sus rampas, y con depósitos de armas y munición en la casa del ídolo. Además de su representación, Tezcatlipoca tenía allí también su símbolo, el "espejo ahumado" engastado en una piedra negra y junto a él muchas piedras preciosas: *chalchihuites*, esmeraldas, turquesas y otras. Decían los tezcocanos *acolhuaques* que en el espejo habían visto muchas veces a Tezcatlipoca y que desde él les hablaba con voz humana cuando vinieron de Colhuacan —en tierras de lo que hoy es Jalisco— diciéndoles que siguieran adelante y no parasen hasta que llegaran a esta tierra de los chichimecas, donde ya no les habló más.

A imitación de los mexicanos, en la mayor parte de las ciudades de la altiplanicie se impusieron los sacrificios humanos, para mantener con el "líquido precioso" la vida del sol Huitzilopochtli, de acuerdo con la concepción místico-guerrera azteca que había sido impuesta por Tlacaélel. La guerra llegó a tener tanto el objetivo de conquista y dominio como el propósito de capturar prisioneros para sacrificarlos en las festividades religiosas. El señorío de Tezcoco, aliado del de México-Tenochtitlan, no se libró de esta barbarie a pesar de que Nezahualcóyotl parece haberse esforzado cuanto le fue posible por evitar la matanza religiosa.

En principio, aunque con cierta renuencia, aceptó ayudar a los mexicanos en la construcción de su templo mayor a Huitzilopochtli y asimismo construyó en Tezcoco un templo a aquella deidad azteca. Torquemada afirma que "nunca mandó sacrificar hombres, sino animales, y se cuenta —añade— que muchas veces amonestó a sus hijos en secreto para que no adorasen a sus dioses y que sólo lo hiciesen por cumplimiento"; aunque el mismo cronista dice más adelante que "Nezahualcóyotl, a pesar de considerar mala la idolatría y los sacrificios, no se apartó de ellos, ni tampoco lo hizo su hijo Nezahualpilli". Con todo, cuando sobrevinieron calamidades para su pueblo, hacia 1454, los sacerdotes de México le dijeron que "los dioses estaban indignados contra el imperio y que para aplacarlos convenía sacrificar muchos hombres". Nezahualcóyotl trató de refutar esa opinión y sugirió que podría bastar el sacrificio de los cautivos en guerra. Los sacerdotes arguyeron que las guerras eran remotas y los cautivos llegarían debilitados. Para satisfacerlos se instituyeron, siguiendo una vez más el ejemplo de los mexicanos, por voluntad y consentimiento mutuos, las guerras periódicas llamadas "floridas" entre los señoríos de Tezcoco, Tlaxcala, Huexotzinco y Cholulan, a fin de adiestrarse en el ejercicio militar y disponer de prisioneros para el sacrificio a sus dioses.

La piedad, la sensibilidad poética, la meditación filosófica y el afán civilizador que reconocemos en las acciones y en el pensamiento de Nezahualcóyotl nos inducen a pensar que haya sentido repulsión por el ritual de los sacrificios humanos. Pero, al mismo tiempo, es preciso recordar que en su personalidad se juntaban el hombre de espíritu con el soldado y que, contradictoriamente, la violencia y aun el crimen no le fueron ajenos. Sólo un estadista y un guerrero, que sabía ejercitar la fuerza armada de acuerdo con las implacables normas aztecas, pudo reconquistar y fortalecer su señorío. Y ciertas acciones injustificables de su vida nos fuerzan a reconocer que la piedad, que a pesar de todo lo distingue, no fue siempre su guía. Así, pues, aunque algunos de sus panegiristas hayan querido hacer de él un civilizador y un poeta sin mancha, es preciso aceptar que consintió en sus dominios las prácticas de los sacrificios y el culto a Huitzilopochtli. Es verosímil que haya sentido repugnancia por ellos y que, hasta donde le fue posible apartarse de la imperiosa costumbre azteca, lo hizo.

Muchos años más tarde, al final de su vida, cuando hubo contrastado prosperidad y adversidades, Nezahualcóyotl erigirá otro templo, ya no según los usos aztecas sino respondiendo a su propia indagación y a sus propias dudas, el templo al *Tloque in Nahuaque,* al dios incógnito, el señor del cielo y de la tierra.

LA TRIPLE ALIANZA

Desde la época en que Tezozómoc, el tirano de Azcapotzalco, y luego su hijo Maxtla humillaron y asesinaron a los reyes de México-Tenochtitlan y de Tezcoco y aun pretendieron aniquilar a estos señoríos, parecía necesario establecer alianzas que conjuraran peligros semejantes. En 1428 los mexicanos y los tezcocanos, auxiliados por otros pueblos aliados, derrotaron a los tepanecas, acaudillados por Maxtla, y acaso después de aquella victoria comenzó a prefigurarse el pacto militar y político que se llamará la Triple Alianza. Los cercanos parentescos que unían a los señores de México y de

Tezcoco, la educación "mexicana" de Nezahualcóyotl, y el hecho de que ambos pueblos compartieran un ámbito geográfico: el Valle de México y el lago que los comunicaba, todo parecía aconsejar aquel pacto.

En principio, los vencedores tuvieron el acierto de designar, para que compartiese con ellos la hegemonía, a una ciudad de la tribu vencida, Tlacopan, bajo el mando de Totoquihuatzin, que será un aliado discreto y firme. Al constituirse la alianza, Itzcóatl, señor de México-Tenochtitlan, recibió el título de *Colhua Tecuhtli;* Nezahualcóyotl, señor de Tezcoco, el de *Acolhua Tecuhtli* y *Chichimécatl Tecuhtli,* y Totoquihuatzin, señor de Tlacopan, el de *Tepanécatl Tecuhtli,* como sus respectivos antepasados. La gloria que alcanzaron será recordada en cantos como éste que, según refiere Alva Ixtlilxóchitl, entonaban los naturales en sus fiestas y convites:

> Teñida dejaron,
> allí en la tierra, fueron glorificando
> la ciudad:
> ésta de México, Motecuzomatzin,
> la de Acolhuacan, Nezahualcoyotzin,
> la de Tlacopan, Totoquihuatzin.
> ¡En verdad vinieron a tener mando
> en el solio y trono del que da la vida!

Después de confirmar sus títulos reales, su segunda acción conjunta fue la de acordar la distribución de los tributos, que debieron ser proporcionales a la extensión de los dominios de cada señorío. Motolinía da la lista de sesenta y ocho pueblos cuyos tributos se repartían por tercios entre los tres señoríos, y agrega dos grupos más, uno de treinta y tres y otro de doce pueblos de cuyos tributos se hacían cinco partes, dos para cada uno de los señores de México y de Tezcoco, y la quinta restante para el señor de Tlacopan. Alva Ixtlilxóchitl se refiere sólo a una distribución general de los tributos, mediante esta última proporción, mientras que Torquemada afirma que una quinta parte de los tributos se daba a Tlacopan, una tercera a Tezcoco y el resto —o sea siete quinceavas partes o casi la mitad— a México-Tenochtitlan. Los otros compromisos pactados en la alianza fueron los de hacer la guerra unidos y de consultarse y confirmar los nombramientos y sucesiones reales en cualquiera de los señoríos. Las incursiones contra los señoríos de Xochimilco y de Cuauhnáhuac fueron algunas de las primeras acciones militares que emprendieron unidos. Por otra parte, Moctezuma asistirá a las bodas de Nezahualcóyotl, y éste participará en la designación y ceremonia de entronización de Axayácatl así como en las fiestas y duelos del señorío azteca.

CABALLERO DEL SOL

Aquella alianza entre los Estados estaba reforzada, además, por un vínculo de carácter personal que debió ser muy poderoso. A raíz del triunfo conjunto sobre Azcapotzalco, Tlacaélel, consejero entonces de Itzcóatl, propuso la concesión de títulos de una especial nobleza militar, así como de tierras, a los guerreros mexicas que se habían distinguido en la lucha. Y acaso, al mismo tiempo, se organizó o se restauró la hermandad militar de los Caballeros del Sol, como los llama Durán, o de los Caballeros Águilas y Tigres, como también se les nombra, aludiendo al águila como emblema del sol y al tigre como emblema de la tierra.

Un poema de Tenochtitlan canta esta fundación o restauración refiriéndose a los tres jefes de los señoríos aliados como unidos por aquella hermandad:

> Oh, Motecuzoma, oh Nezahualcóyotl, oh Totoquihuatzin,
> vosotros tejisteis, vosotros enredasteis
> la Unión de los príncipes:
> ¡Un instante al menos gozad de vuestras ciudades
> sobre las que fuisteis reyes!
>
> La mansión del Águila, la mansión del Tigre
> perdura así, es lugar de combates
> la ciudad de México.
> Hacen estruendo bellas variadas flores de guerra,
> se estremecen hasta que estáis aquí.
> Allí el Águila se hace hombre,
> allí grita el Tigre en México:
> ¡es que allí imperas tú, Motecuzoma!
> Allí es el baile general,
> allí se enlaza la Unión de las Águilas,
> allí se da a conocer la Unión de los Tigres.

Con floridas cuerdas del Águila
está bien afianzada la ciudad:
cual flores del Tigre fueron enlazados
los príncipes Motecuzoma, Cahualtzin,
y Totoquihuatzin y aquel Yoyontzin;
¡con nuestros dardos, con nuestros escudos
está existiendo la ciudad!

Existe, además, otro poema muy importante al respecto: un canto que celebra la iniciación como Caballeros del Sol de Moctezuma y Nezahualcóyotl, la cual debió de efectuarse entre 1428 y 1430, cuando ambos primos eran aún jóvenes y acababan de mostrar su valor en la guerra contra los tepanecas. En la *Historia tolteca-chichimeca* se describe el que pudo ser el ritual primitivo de esta iniciación: pasar cuatro días de ayuno y penitencia en el cerro de Acolhuaca, adonde les llevaban de comer y de beber el águila y el tigre. Pasados los cuatro días, a los iniciados se les perforaban las narices con el hueso del águila y del jaguar. Ya en el periodo azteca, el ritual parece haberse hecho más complejo y severo. Según Muñoz Camargo, consistía en horadación de nariz, labios y orejas, con huesos de águila y tigre, ceremonia en que oficiaban ancianos; ayuno de cuarenta días en los cuales se curaban las perforaciones; estaban con todo el cuerpo tiznado y no se lavaban; asistencia al templo para sufrir pruebas y maltratamientos y recibir documentos; entrega de las armas del guerrero noble; colocación de divisas en las perforaciones y ofrecimiento de dones y homenaje a los demás nobles. He aquí el texto del antes mencionado:

Canto de iniciación

Llegan bajando, llegan bajando,
sobre las acacias es el sitio en que se tienden.
Flores busca Motecuzomatzin,
hoguera busca Nezahualcoyotzin.
Van en busca del cerco del agua, se agitan.

Ya se transforma en Águila,
en Mixcóatl tigre sobre las acacias:
en red de madera ha nacido el hijo de Mixcóatl,
Nezahualcoyotzin. ¿A dónde es enviado?, ¿a dónde?

Lo merecieron tus abuelos,
Acamapich y Huitzilíhuitl:
la gran tierra de Acolhuacan
te reservaron, la casa de Mixcóatl,
la casa del que habita en las cavernas,
oh Nezahualcoyotzin. ¿A dónde es enviado?, ¿a dónde?

Entre cactos y magueyes broncos,
se puso el asiento de la casa de sangrarse,
una gran biznaga fue colocada:
vinieron y dejaron huella mis abuelos
Quinatzin y Tlaltecatzin,
y Techotlala el señor, que vinieron uno tras otro,
desde Chicomóztoc.

Lloro, lloro y se entristece mi corazón,
yo Nezahualcoyotzin... ¿a dónde se fueron?
Al sitio de los sin cuerpo, mis abuelos
Quinatzin y Tlaltecatzin,
y Techotlala el señor, que vinieron uno tras otro
desde Chicomóztoc.

Amargado y llevado por el viento
fue visto Acolmiztli: vienen cantando
él y Atotoztli el Colhuacan.

Ah, ya retoña, ya abre sus hojas
su llanto florido y de Coxcotzin el de Calcoman,
de igual modo se va en lamento.

Apenas vieron la gran tierra de Acolhuacan,
entre acacias y magueyes salvajes, tomaron posesión
de ella:
su llanto florido de Coxcotzin el de Calcoman
de igual modo se va en lamento.

Ya me voy, ya me voy, salga mi cautivo;
me voy, me voy, salga mi cautivo.

Fray Diego Durán expuso pormenorizadamente las condiciones que debían cumplir y las honras que recibían los Caballeros del Sol. Cuando un guerrero noble realizaba una hazaña en la guerra el rey se lo agradecía y, probablemente después de cumplido el rito de iniciación, lo armaba caballero de la siguiente manera:

> Que, poniendo el nombre de *tequihua,* que era nombre general de los valientes hombres, demás del nombre, le mandaba poner las insignias de comendador que digo. Y era que le tomasen los cabellos de la coronilla, medio a medio de la cabeza, y trenzábanselos con una trenza colorada y, con la mesma trenza, le ataban juntamente un plumaje de plumas verdes y azules y coloradas, y de la lazada salía un cor-

dón que colgaba a las espaldas, y, al cabo de él, una borla colorada. Y esto era señal de que había hecho una hazaña, porque en haciendo dos, le ponían dos borlas, según los hechos.

Hecho esto, el mesmo rey le daba una rodela y unas coracinas, todas de plumería, muy galanas, y en el campo de la rodela, unas señales que le servían de armas, y una celada, a su modo, que le servía de divisa, con grandes plumas. Vestíalos de ricas mantas y bragueros; dábales joyas, collares y orejeras y bezotes, exentándolos de todo género de alcabalas, tributos, pechos, etc. Dábales privilegios, para que él y sus hijos pudiesen usar algodón y traer cotaras y tener las mujeres que pudiesen sustentar, y desde aquel día podía entrar en palacio y sentarse con los demás en el aposento de las águilas.

Y más adelante, añade Durán entre los privilegios de los caballeros estos otros: "comer carne de hombres y beber vino —entiéndase públicamente, que en escondido todos lo bebían—... Podían bailar entre los principales todas las veces que había *areitos*".

Así, pues, Nezahualcóyotl no fue solamente un guerrero por la fuerza de las circunstancias, para reconquistar su señorío, sino que fue además desde sus mocedades un Caballero del Sol, un soldado de excepción, con narices, labio y orejas perforados y las borlas rojas a la espalda, vinculado profundamente con la élite militar azteca. Además, probablemente él mismo realizó alguna vez la función del verdugo ritual, en ocasiones como la inauguración del *Cuauhxicalli,* o piedra del sol para los sacrificios, que hizo construir Moctezuma y en cuya ceremonia estuvo presente. Ello nos explica hasta qué punto tenía que considerar como propios los atroces rituales de aquel pueblo y cuánto debió luchar en su ánimo para oponerse a ellos.

RELACIONES ENTRE MÉXICO Y TEZCOCO

Como era natural, no pasó esta alianza sin desavenencias. Itzcóatl, al parecer, después del triunfo conjunto contra los tepanecas, pensó no dar parte del gobierno a su sobrino Nezahualcóyotl, pero éste lo atacó al frente de un ejército y, al no aceptar aquél su reto, lo afrentó delante de sus soldados representándolo como una mujer. Hubo también otra querella entre Motecuhzoma Ilhuicamina y Nezahualcóyotl a causa de que éste no aceptó en principio participar en la construcción del gran templo a Huitzilopochtli, que el monarca azteca quería erigir con el auxilio de todos sus aliados y vasallos. Los historiadores partidarios de tezcocanos o mexicas han referido asimismo incursiones de unos contra otros y aun guerras fingidas que no parecen ser más que imaginaciones de su parcialidad. Mas, a pesar de estas fricciones, la alianza se mantuvo y en ella la supremacía militar y política tocaba sin duda al señorío de México-Tenochtitlan, si bien Tezcoco sobresalía como centro de leyes, normas sociales y creaciones filosóficas, literarias e históricas.

Que la Triple Alianza fue más que una organización defensiva una reunión de fuerzas de conquista, va a mostrarlo la gran actividad militar realizada entre 1435 y 1445 aproximadamente. Con excepción de la alianza pacífica y de mutua defensa que celebra Nezahualcóyotl con el señorío de Tlaxcala, al que amplía los términos de sus dominios, las numerosas incursiones que emprenden juntos los ejércitos de México, Tezcoco y Tlacopan son sólo actos de conquista, así se disfracen en ocasiones de pretextos como los de recuperar antiguos dominios o los de vengar agravios o desobediencias. En principio, Nezahualcóyotl, con su propio ejército, somete a tres de sus provincias que se le habían rebelado, Tolantzinco, Cuauhchinanco y Xicotépec, y las devuelve a sus antiguos señores. Pero luego se reúnen los tres ejércitos en una al parecer invencible marcha: ganan la tierra de los tlahuicas, de la que tocan al señor de Tezcoco nueve pueblos, entre ellos la cabecera, Cuauhnáhuac (Cuernavaca); toman Chalco, por un breve tiempo, Itzocan, Tepecyacan, Tecalco, Teohuacan, Coixtlahuacan, Cuetlachtlan, Hualtépec, Cuauhtochco, Tochpan y Tizauhcóac. Sólo Tochpan (Tuxpan, Veracruz) se dividía en siete provincias con sesenta y ocho pueblos. De allí, descendiendo por la costa del Golfo de México —el Mar del Norte—, llegaron hasta Teochtépec (Tuxtepec) para sojuzgarlo y luego volvieron, hacia el centro de Veracruz, sobre Mazahuacan, Tlapacoyan y Tlauhcocautitlan. Entre tanto, Tolantzinco volvió a rebelarse y mató a todos los soldados que lo guardaban, y fue necesario recuperarlo y castigarlo.

En 1440 muere Itzcóatl, el señor de México-Tenochtitlan, y una vez confiada su sucesión a Motecuhzoma Ilhuicamina, prosiguen las correrías, ahora hacia el sur, sobre Cohuixco, Oztoman, Quezaltépec, Ixcateopan, Teozcahualco, Poctépec, Tomazolapan, Chilapan, Quiauhteopan, Ohuapan, Tzonpahuacan y Cozamaloapan. Finalmente, el ejército tezcocano, en el que se distinguen dos hijos de Nezahualcóyotl, valerosos soldados, Xochiquetzaltzin y Acamapipioltzin, así como Xicoténcatl, de Tlaxcala, recupera las provincias de la Huasteca o del Pánuco, que consideraban parte del patrimonio de Tezcoco. A pesar de haber sido los huastecos "gente belicosísima", toman siete pueblos principales de aquellas provincias y establecen en ellos presidios y fronteras. Para ponderar el valor militar o aun la ferocidad guerrera de Nezahualcóyotl, Alva Ixtlilxóchitl escribe lo que puede tomarse por exageración de su partidarismo: "Él mató doce reyes, como el rey Maxtla, monarca de esta tierra, por sus propias manos. Hallóse personalmente en treinta y tantas batallas sobre diversas partes y jamás fue vencido ni herido en ninguna parte de su cuerpo, con ser el primero en ellas. Sujetó cuarenta y cuatro reinos y provincias".

Además de la provisión de cautivos para los sacrificios, estas guerras de conquista multiplicaban también los tributos que debían entregar los pueblos sojuzgados. En las enumeraciones de Alva

Ixtlilxóchitl se despliegan, en colorido muestrario folclórico, los productos propios de cada una de las tierras que recibía el señorío de Tezcoco: las mantas ricas, el oro y la pedrería, los huipiles y las flores de Cuauhnáhuac; las mantas veteadas, los venados, las cargas de chile, los papagayos y los costales de plumería de la costa veracruzana; el cacao, las pelotas de hule, la grama y las plumas de quetzal de Teochtépec; las bateas pintadas, el copal, las jícaras y los tecomates de Tlapacoyan y Tlauhcocautitlan. Todo lo que entonces era riqueza debía ser entregado, año con año, por los pueblos sometidos para el esplendor de los señoríos imperiales de la Triple Alianza.

LECTURAS COMPLEMENTARIAS

José Luis Martínez, *Nezahualcóyotl,* FCE, 1984.
———, *Hernán Cortés*, versión abreviada, FCE, 1992.

ÍNDICE

Este libro se terminó de imprimir y encuadernar en julio de 1998 en los talleres de Impresora y Encuadernadora Progreso, S. A. de C. V. (IEPSA), Calz. de San Lorenzo, 244; 09830 México, D. F.
Se tiraron 5 000 ejemplares.